高等职业教育"十三五"规划教材　计算机系列

网页设计与制作

主　编　司朝弘　赵玉兰　司均飞
副主编　陈　辉　张小平　王天寿　贾　丽

湖南师范大学出版社

图书在版编目（CIP）数据

网页设计与制作 / 司朝弘 , 赵玉兰 , 司均飞主编 . –– 长沙：
湖南师范大学出版社，2018.2
ISBN 978-7-5648-3118-9

Ⅰ . ①网… Ⅱ . ①司… ②赵… ③司… Ⅲ . ①电子商务
—网页制作工具 Ⅳ . ① F713.361.2

中国版本图书馆 CIP 数据核字（2018）第 025356 号

WANGYE SHEJI YU ZHIZUO

网页设计与制作

◇主编　司朝弘　赵玉兰　司均飞

◇责任编辑：王　旺　廖小刚
◇责任校对：郝纪晓
◇出版发行：湖南师范大学出版社
　　　　　　地址 / 长沙市岳麓山　邮编 /410081
　　　　　　电话 /0731-88873071　88873070　传真 /0731-88872636
　　　　　　网址 /http://press. hunnu. edu. dcn
◇印刷：廊坊市广阳区九洲印刷厂
◇开本：787mm×1092mm　1/16
◇印张：13.5
◇字数：312 千字
◇版次：2018 年 2 月第 1 版　2019 年 1 月第 2 次印刷
◇书号：ISBN 978-7-5648-3118-9
◇定价：45.00 元

PREFACE

前言

　　随着网络技术的迅猛发展,网络应用已经渗透人类社会的各个角落,网页制作、网站建设越来越盛行,各种网页和网站建设软件层出不穷,而本书将介绍的Dreamweaver CS6软件更是其中的佼佼者,这款软件功能强大、界面友好、操作方便、代码编写环境开放、网页编辑能力完备,是网页设计初学者的首选软件。

　　本书既可作为职业院校计算机、多媒体、电子商务等专业的教材,也可作为信息技术培训机构的培训用书,还可作为网页设计与制作人员、网站建设与开发人员、多媒体设计与开发人员的参考书。

　　本书主要以理论知识与实际操作相结合为创作宗旨,具有以下特点。

　　(1)实用为先,语言精练

　　本书在内容上注重3个方面,即内容实用、操作常见、案例典型。全书力求用通俗易懂的语言、精练的文字讲解理论知识,提高读者的阅读和学习效率。

　　(2)图文混排,全程图解

　　本书采用图文混排的方式,操作步骤后均有图解,让整个操作更清晰,以便读者能够轻松学习和快速掌握。

　　(3)信息内容丰富,结合典型案例,有助于提高读者的学习兴趣。

　　本书共有11章:第1章介绍网页设计与制作基础;第2章介绍 Dreamweaver CS6入门;第3章讲解编辑基础网页元素;第4章介绍用 Photoshop 处理图形;第5章介绍用 Flash 制作动画;第6章介绍超链接;第7章介绍 CSS 样式基础;第8章介绍表格、表单、框架和模板的使用;第9章介绍规划布局网页;第10章介绍添加网页特效;第11章介绍网页设计与制作实例。

　　由于编者水平有限,书中难免存有疏漏和不足,恳请专家和读者批评指正,以便今后进一步修改、充实和完善。

编　者

目录 CONTENTS

第 10 章　添加网页特效

第 11 章　网页设计与制作实例

第1章

网页设计与制作基础

　　网站随网络技术的发展而快速兴起，作为网络平台的主要依托，由于人们使用网络的频繁而日新月异。例如，企业需要通过网站页面呈现产品、服务、理念、文化，或向大众提供某种功能服务。因此，网页设计首先必须明确设计站点的目的和用户的需求，从而制订切实可行的设计方案。想要做好一个网站，需要了解网页的组成、配色、语言、软件、流程等方面的知识。

◎ **学习目标**

1. 了解网页与网站的基础知识。
2. 了解网页编写语言。
3. 了解网页制作软件。
4. 掌握网页设计的流程。

》【课程导入】

随着网络时代的发展，互联网成了海量信息的载体，网络从最初的信息发布与资源共享，到现今的网络咨询、网络会议、网络购物、网络社区等，越来越突显出它的独特魅力和生机。

网络已逐渐成为人们生活的一部分，如网上冲浪、浏览网页等已成为众多网民每天的习惯。作为其中的一员，你是否考虑过这些缤纷多彩的网页是如何设计出来的呢？网页背后又有哪些相关的技术呢？你能否制作出令人满意的网页呢？

通过本章的学习，你将掌握网页与网站的基础知识，认识网页与网站的相关概念，感受网页编写语言，了解网站开发的流程。

1.1　网页与网站基础知识

1.1.1　网页与网站概述

1. 网页与网站的概念

网站是一个存放网络服务器上的完整信息的集合体。它包含一个或多个网页，这些网页以一定的方式链接在一起，成为一个整体，用以描述一组完整的信息或达到某种期望的宣传效果。通常我们所听说的"新浪""搜狐""网易"等，即是俗称的"网站"。

网页（Web Page）是指我们在浏览网站时，看到的一个个页面。它实际上是一个文件。网页中有文字、图像、声音及视频等信息，可以看成是一个单一体，是网站的一个重要元素。

首页（Home Page）是一个单独的网页，它和一般网页一样，可以存放各种信息，但它又是一个特殊的网页，是整个网站的起始点和汇总点。例如，在地址栏中输入搜狐网站链接地址，即可显示 Sohu 网站的首页，如图 1-1 所示。

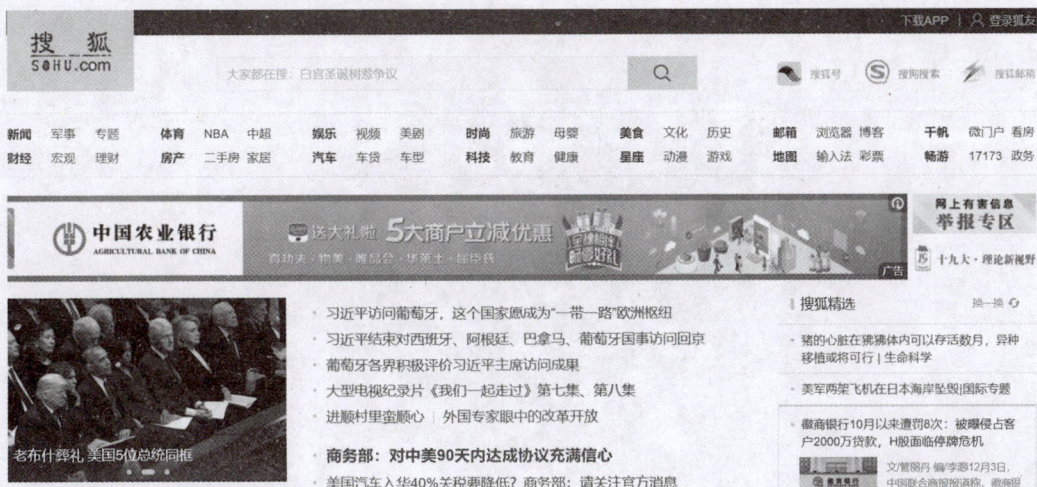

图 1-1　Sohu 网站的首页

首页和主页的区别如下：

网站为方便用户查找和分类浏览网站信息，通常会将信息分类，并建立一个网页以放置网站信息的索引目录，即网站的主页。并非所有的网站都将主页设置为首页，有的网站喜欢在首页放置一段进入动画，并将主页的链接放置在首页上，用户单击首页链接，即可进入主页。

2. 网页的特点

网页的特点主要体现在以下几个方面。

（1）图形化的界面

在一个页面上同时显示色彩丰富的图形和文本，可以提供将图形、音频和视频等融于一体的信息资源。

（2）交互式的操作

当用户向 Web 服务器提出请求后，Web 服务器就会提供给用户需要的信息。例如，用户在百度或 Google 搜索引擎中输入想查看的信息，确认搜索后，服务器将给出相关网站的网址，这就是一个交互行为。Web 服务器允许访问者在大量的信息中选择自己感兴趣的信息，然后跳转到相应的 Web 页面。

（3）Web 的可设计性

Web 成为 Internet 第一种适用于图形设计的服务器，其酷、炫、靓的网页会给用户留下深刻印象，并为网站带来较高的访问量。如图 1-2 所示，在百度搜索栏中输入"黑洞"一词除了能搜索到"黑洞"的内容，在显示时还会出现"黑洞"的动态显示效果。

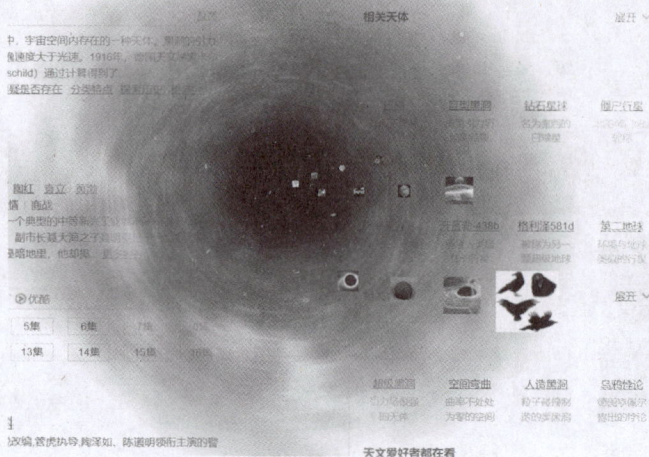

图 1-2　百度网站的特色

（4）信息的时效性

Web 站点上的信息是动态的、经常更新的，一般各信息站点都会尽量保证信息的时效性。

3. 网页的组成元素

网页包括以下几个基本构成元素。

（1）Logo

网站 Logo 又称为网站标志，它是代表企业形象或栏目内容的标志性图片。网站 Logo 通常要体现该网站的特色、内容以及文化内涵和理念。

好的 Logo 设计有着独特的形象标识，在网站推广和宣传中能起到事半功倍的效果。Logo 通常位于网页的左上角，主要有 3 种尺寸：88×31 像素、120×60 像素和 120×90 像素。

（2）导航栏

导航栏是网页的重要组成元素，导航栏可以帮助用户在站点内快速查找信息。导航栏的形式多样，可以 1 是文字链接、图片链接、按钮或下拉菜单等形式。

（3）Banner，即网站横幅广告，是互联网广告中最基本的广告形式，常用于宣传网站的某个栏目或活动，为能吸引更多的注意，一般都制作成动画形式。Banner 可以位于网页顶部、中部或底部的任意位置。常见尺寸有 480×60 像素或 233×30 像素。

（4）文本

文本是指网页中叙述性的文字，是最理想的网页信息载体与交流工具，网页中主要信息一般都以文本为主，与图像网页元素相比，文字虽然不像图像那样容易被用户注意，但却能简明扼要地表达出主题。

为了克服文本网页元素的一些固有缺点，网页制作者赋予了网页中的文本更多的属性，如字体、字号、颜色、底纹和边框等，用户可以根据需要来设置网页文本的格式。

（5）图像

图像是指网页中插入的具有说明性的图片。图像在网页中具有提供信息、展示形象、装饰网页、表达个人情趣和风格的作用。在网页中的适当位置放置一些图像，不仅可以使文本清晰易读，而且使得网页更加有吸引力。网页中加入过多的图像，反而会影响网页的整体视觉效果，并会明显降低网页的下载速度。

网页中可以使用 GIF、JPEG 和 PNG 等多种图像格式，其中使用最广泛的是 GIF 和 JPEG 两种图像格式。

网页的其他组成元素还有动画、声音、视频等，这些内容在后面的章节里会有详细介绍。

4. 网页及网站的类型

（1）网页的类型

常见的网页有静态网页和动态网页两大类。

①静态网页。静态网页是指没有程序代码的网页。运行于客户端的程序、插件和组件等都属于静态网页。在网页中看到的静态网页文件通常是以 .htm 或 .html 为扩展名的，俗称 HTML 文件。

需要注意的是，静态网页并非是没有动画的网页，这种网页完全由 HTML 标签构成，可以直接针对浏览器发出的请求做出响应，制作起来速度快，成本低。不过静态网页的模板一旦确定下来，不宜修改，更新比较费时。

②动态网页。所谓动态网页是与静态网页相对的一种网页编程技术。静态网页随着 HTML 代码的生成，页面的内容和显示效果基本上不会发生变化，除非你修改了页面代码。而动态网页则不然，页面代码虽然没有变，但是显示的内容却可以随着时间或者数据库操作的结果而发生改变。

需要强调的是，不能将动态网页和页面内容是否有动感混为一谈。这里所说的动态网页，与网页上的各种动画、滚动字幕等视觉上的动态效果没有直接关系。动态网页可以是纯文字内容的，也可以是包含各种动画的内容，这些只是网页具体内容的表现形式。无论网页是否具有动态效果，只要是采用了动态网站技术生成的网页都可以称为动态网页。

总而言之，动态网页是基本的 HTML 语法规范与 Java、VB、VC 等高级程序设计语言、数据库编程等多种技术的融合，以期实现对网站内容和风格的高效、动态和交互式的管理。因此，从这个意义上来讲，凡是结合了 HTML 以外的高级程序设计语言和数据库技术进行的网页编程技术生成的网页都是动态网页。

（2）网站的类型

网站种类繁多，涉及我们生活的方方面面，如日常生活、娱乐游戏、商业活动以及新闻资讯等，下面我们介绍几种常见的网站。

①个人网站。个人网站是指可以发布个人信息及相关内容的小型网站，即网站内容是介绍个人或是以个人的相关信息为中心的网站。

②企业网站。企业网站是企业在互联网上进行网络营销和形象宣传的平台，相当于企业的网络名片。它不但对企业的形象起到良好的宣传作用，同时可以辅助企业营销，通过网络平台直接帮助企业实现产品的推广和销售，企业可以利用网站进行宣传、产品资讯发布、招聘等，如图 1-3 所示。

图1-3　企业网站

网站制作应注重用户的视觉体验，加强客户服务，完善网络业务，吸引潜在客户关注。

③娱乐游戏网站。娱乐游戏网站大多是以提供娱乐信息、流行音乐以及各种游戏为主的网站，具有非常强的实效性。因此，此类网站页面上具有丰富的信息。

④综合门户网站。综合门户网站将互联网上的大量信息进行整合、分类，为用户打开方便之门。在该类网站上可以浏览到各方面的咨讯，如图1-4所示。

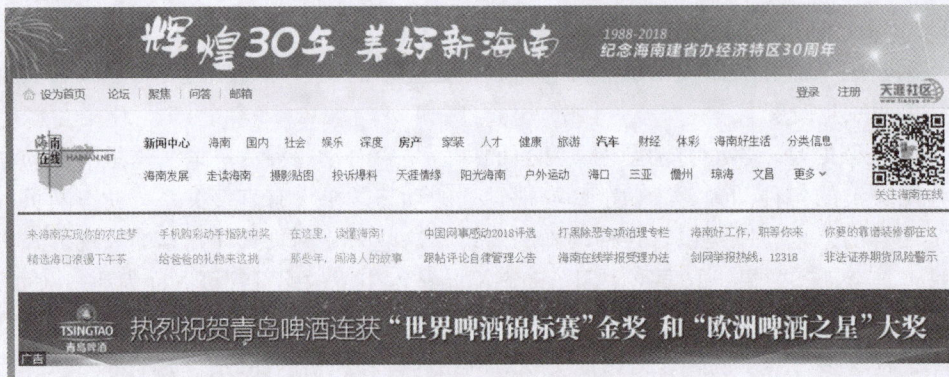

图1-4　综合门户网站

⑤行业信息网站。行业信息网站是指能够满足某一特定领域上网的人群后特地需要的网站。这类网站的内容和服务都更为专业。

⑥电子商务网站。电子商务网站就是为用户与商家搭建的一个网络平台。它将网络信息、商品、物流与资金有效地结合起来，从而实现商务活动。

1.1.2 网页的色彩搭配

网页设计的成败，在很大程度上取决于色彩的运用。网页的色彩创作拥有自身的设计规则，与其他视觉形式存在较大的差异。对于平面设计而言，色彩是"静止"的，色彩的分布是根据固定的信息来编排、创作和完成作品的。即使是系列平面作品，作者对每幅作品也会有自己的考量，可以单独进行设计和思考。对于网站而言，信息是"流动"的，页面的信息会"变更"。网页中图片信息较多时，图片中的色彩将主宰整个页面，此时，网页的色彩风格必定与插图色彩密不可分。

1. 色彩基础知识

（1）色彩的基本概念

网页中的颜色通常采用6位十六进制的数值来表示，每两位代表一种颜色，从左到右依次表示红色、绿色和蓝色，颜色值越高表示这种颜色越深，比如红色，其数值为#FF0000 白色为 #FFFFFF，黑色为 #000000。可以采用3个以"，"相隔的十进制数来表示某一颜色，比如红色，其十进制表示为 Color（2550.0）。

在传统的色彩理论中，颜色一般分为彩色和非彩色。在网页中，如果3种颜色的数值相等，就显示为灰色。

（2）网页的安全色

网页安全色是当红色、绿色、蓝色的颜色数字信号值（DAC Count）为0，51，102，153，204，255 时构成的颜色组合。它一共有 $6 \times 6 \times 6 = 216$ 种颜色，其中彩色210种，非彩色6种。

216 网页安全颜色是指在不同硬件环境、不同操作系统、不同浏览器中都能够正常显示的颜色集合，这些颜色在任何终端显示设备上的显示效果都是相同的。所以使用216 网页安全颜色进行网页配色时可以避免原有的颜色失真问题。216 网页安全颜色可以控制网页色彩的显示效果，达到网页的最佳显示效果。

（3）色彩的三个要素

色彩的三个要素即明度、色相和纯度，每一种色彩都同时具有这三种基本属性。

①明度。明度是指色彩的明暗程度，又称深浅度，是表现色彩层次感的基础。

②色相。色相是指色彩的相貌，如红、橙、黄、绿、青、蓝、紫等颜色。

③纯度。纯度是指色彩的鲜艳程度。纯度的变化可通过三原色互混产生，或通过加白、加黑、加灰产生，或补色相混产生。凡有纯度的色彩必有相应的色相感。色相感越明确、纯净，其色彩纯度越纯；反之，则越灰。

2. 色彩搭配

（1）网页色彩搭配原则

就网站而言，想要合理地进行色彩搭配，需遵循下列色彩搭配原则：

①色彩的鲜明性。网页的色彩要鲜艳，容易引人注目。

②色彩的独特性。网页要有与众不同的色彩。网页的用色必须要有其独特的风格，这样才能给用户留有深刻的印象。

③色彩的艺术性。网站设计是一项艺术活动，须遵循艺术规律。按照内容决定形式的原则，在考虑网站本身特点的同时，大胆进行艺术创新，设计出既符合网站要求，又具有一定艺术特色的网站。

④色彩的合理性搭配。色彩要根据主题来确定，不同的主题选用不同的色彩。

（2）网页色彩搭配方法

网页配色很重要，网页颜色搭配得是否合理会直接影响到用户的情绪。良好的色彩搭配会给用户带来很强的视觉冲击，不恰当的色彩搭配则会让用户感到浮躁不安。

①同系色彩搭配。同系色彩搭配是指首先选定一种色彩，然后调整其透明度和饱和度，

将色彩变淡或加深，而产生新的色彩，使页面看起来色彩统一，具有层次感。

②邻近色彩搭配。邻近色是指在色环上相邻的颜色，如绿色和蓝色、红色和黄色即互为邻近色。采用邻近色搭配可以使网页避免色彩杂乱，达到和谐统一的页面效果。

③对比色彩搭配。一般来说，色彩的三原色最能体现色彩间的差异。色彩的强对比具有视觉诱惑力。对比色可以突出重点，产生强烈的视觉效果。通过合理使用对比色，能够使网站特色鲜明、重点突出。在设计时，通常以一种颜色为主色调，采用其对比色作为点缀，从而起到画龙点睛的作用。

色彩搭配还有暖色色彩搭配、冷色色彩搭配和有主色的混合色彩搭配。

3. 色彩搭配技巧

（1）采用黑色和任意一种色彩

用黑色和任意一种色彩搭配，比如大红的字体配黑色的边框感觉很有"跳"感。

（2）采用一个色系

采用一个色系，简单地说就是用一个色调的色彩，如淡蓝、淡黄、淡绿，或者土黄、灰、土蓝。

（3）采用一种色彩

用一种色彩是指先选定一种色彩，然后调整透明度或者饱和度（说得通俗些就是将色彩变淡或者加深），产生新的色彩，用于网页。这样的页面看起来色彩统一，有层次感。

（4）采用两种色彩

先选定一种色彩，然后选择它的对比色（在 Photoshop 里按 Ctrl+shif+I 键），这样使整个页面色彩丰富但不花哨。

在网页配色中，忌讳的是：不要将所有颜色都用到，尽量控制在 3 种色彩以内；背景和前文的对比尽量要大（千万不要用花纹繁复的图案做背景），要能突出主要文字内容。

1.2　网页编写语言

1.2.1 HTML 概述

网页标记语言（Hyper Text Markup Language，HTML）又称为超文本标记语言，超级文本标记语言是标准通用标记语言下的一个应用，是一种规范，一种标准。它通过标记符号来标记要显示的网页中的各个部分。网页文件本身是一种文本文件，通过在文本文件中添加标记符，可以告诉浏览器如何显示其中的内容（如文字如何处理、画面如何安排、图片如何显示等）。浏览器按顺序阅读网页文件，然后根据标记符解释和显示其标记的内容，对书写出错的标记将不指出其错误，且不停止其解释执行过程，网页制作者只能通过显示效果来分析出错原因和出错部位。需要注意的是，对于不同的浏览器，对同一标记符可能会有不同的解释，因而可能会有不同的显示效果。

超文本标记语言的结构包括头部内容和主体部内容，其中 <head> </head> ；这两个标记符号分别表示头部信息的开始和结尾。头部内容提供关于网页的信息。<body> </body>；网页中显示的实际内容均包含在这两个标记符之间。

超级文本标记语言文档的制作不是很复杂，但其功能强大，支持不同数据格式的文件嵌入，其主要特点如下。

（1）简易性

HTML 版本升级采用超集方式，从而更加灵活方便。

（2）通用性

HTML 是网络的通用语言，是一种简单通用的全置标记语言，它允许网页制作者建立文本与图片相结合的复杂页面，页面可以被网上任何人访问和浏览，无论使用的是什么类型的计算机或浏览器。

（3）可扩展性

HTML 的广泛应用带来了加强功能，增加了标识符等要求，超级文本标记语言采取子类元素的方式，为系统扩展带来保证。

（4）平台无关性

虽然 PC 计算机大行其道，但使用 MAC 等其他计算机的大有人在，超级文本标记语言可以使用在广泛的平台上，这也是万维网（WWW）盛行的一个原因。

1.2.2 HTML 的标签

HTML 标签是 HTML 语言中最基本的单位，HTML 标签是 HTML（标准通用标记语言下的一个应用）最重要的组成部分。

HTML 标签具有以下特点：

（1）由尖括号包围的关键词，比如 <html>

（2）通常是成对出现的，比如 <div> 和 </div>

（3）标签对中的第一个标签是开始标签，第二个标签是结束标签；

（4）开始和结束标签也被称为开放标签和闭合标签。

（5）也有单独呈现的标签，如：<img src=" 百度百科 .jpg" /> 等。

（6）一般成对出现的标签，其内容在两个标签中间。单独呈现的标签，则在标签属性中赋值。如 <h1> 标题 </h1> 和 <input type="text" value=" 按钮 " />。

（7）网页的内容需在 <html> 标签中，标题、字符格式、语言、兼容性、关键字、描述等信息显示在 <head> 标签中，而网页需展示的内容需嵌套在 <body> 标签中。某些时候不按标准书写代码虽然可以正常显示，但是作为职业素养，还是应该养成正规编写习惯。

1. 文字格式标签

文字格式标签用于对文档主体中的文本进行字符及格式化相关设置。

（1）标题标签

标题标签能分割大段的文字，概述下列文本内容、逻辑结构安排信息。HTML 提供了六级标题，从大到小分别为 <h1> 到 <h6>，其格式为 <hn> 文本内容 </hn>。

（2）<font> 标签

<font> 是设置字体样式的基本标签，被其包含的文本为样式作用区。<font> 标签同样要求起始和闭合双标签配对，其格式为 <font 属性 ＝ "属性值" > 文本内容 </font>，如 < font

color= "#F6600" siz= "6" > 文本内容 </fon>。

2. 段落格式化标签

段落格式化标签用于指定整段文本的格式。段落格式化标签可以方便地实现设置段落格式、换行、划分正文不同部分等功能。

（1）<marquee> 标签

在浏览网页时常常可以看到一种跑马灯似的滚动文字效果，这种效果可以使用 <marquee> 标签来实现。<marquee> 标签可以设置网页文字特效，可以归类为段落格式化标签，其格式为 <marquee 属性 = "属性值" > 需滚动的文本内容 </marquee>。

（2）<p> 标签

<p> 标签是最常用的段落格式化标签，称为段标签。它定义了一个段落的有效范围，同时，可通过段标签划分正文段落，利用其属性设置，对整个段落进行格式化操作。其格式为 <p> 段落 </p>。

（3）
 标签

在 HTML 文本中，要在段落中强制换行而不增加空白行，需要使用
 标签。
 是自闭合标签，不需要配对使用，使用时将
 标签插入到需要强制换行处即可。

3. 表格标签

表格是 HTML 文档中最常见的元素之一，在 HTML 文本中，表格可以用于传统意义的表格数据组织，而更多的时候它是作为一种页面布局和元素定位的工具来使用。用于组织数据的表格有可见的边框，用于页面布局的表格往往没有可见边框，看似是隐形的。表格由行和列组成，行列交叉构成了单元格，一个表格由多个相互联系的单元格共同构成。

HTML 中构成表格的主要标签有 4 个，即 <table> <td> <th> 和 <tr>，其功能介绍如下。

（1）<table> 标签

<table> 标签用于定义整个表格，表格内的所有内容都位于 <table> 和 </table> 之间。

（2）<td> 标签

<td> 标签用于定义行内的列，即一个单元格，表格中每一个单元格都对应一组 <td></td> 标签。

（3）<th> 标签

<th> 标签用于定义表格中的表头单元格，标签内的文本通常以粗体、居中的方式显示。该标签的属性与 <td> 标签相同。

（4）<tr> 标签

<tr> 标签用于定义表格的行，每一个行都对应一组 <tr></tr> 标签。

4. 列表标签

列表标签主要用于为文档设置自动编号、项目符号等格式信息。使用列表标签可以使文档层次结构更分明、条理更清晰，便于用户找到信息，并引起用户对重要信息的关注。列表标签主要包括 <ol> <ul> 和 <li> 等。

5. 表单标签

大多数表单元素都是用 < input> 标签进行定义的，通过其 type 属性来设置元素的类型。常用的类型有文本框（< input type="txt"…>）、文本区域（ <textarea>…< / textarea>），按钮（＜input type="button"…＞）、单选框（＜input type="radio"…＞）、下拉菜单（＜input type="select"…＞）和复选框（＜input type="checkbox"…＞）等。

6. 图像标签

在 HTML 文档中插入图像的方法非常简单，使用 <img> 标签即可将当前计算机或来自网络的图像插入到网页文档中。设置图像的标签是 <img> 标签。该标签是自闭合标签，使用时无须双标签配对。

1.2.3 网页脚本语言 JavaScript

JavaScript 是一种由 Netscape 的 LiveScript 发展而来的脚本语言，主要目的是为了解决服务器终端语言，例如 Perl 遗留的速度问题。当时服务端需要对数据进行验证，由于网络速度相当缓慢，只有 28.8kbps，验证步骤浪费的时间太多。于是 Netscape 的浏览器 Navigator 加入 JavaScript，提供数据验证的基本功能。

目前，JavaScript 被数百万计的网页用以改进设计、验证表单、检测浏览器、创建 cookies 以及更多方面的应用。下面举一个 JavaScript 代码的简单实例。

通过指定的 ID 来访问 HTML 元素并修改其内容"按钮触发"。

1. 代码

```
<!DOCTYPE html>
<html>
<body>
<h1>My Web Page</h1>
<p id= "myPar" >I am a paragraph.</p>
<div id= "myDiv" >I am a div.</div>
<p>
<button type= "button" onclick= "myFunction ( )" >点击这里 </button>
</p>
<script>function myFunction ( )
{
document.getElementById ("myPar").innerHTML= "Hello World" ;
document.getElementById ("myDiv").innerHTML= "How are you?" ;
}
</script>
<p> 当您点击上面的按钮时，两个元素会改变。</p>
</body>
</html>
```

2. 显示效果

运行代码，显示效果如图 1-5 所示。

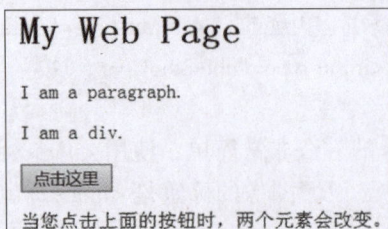

图 1-5　显示效果

1.2.4 动态网页编程语言

ASP 是 Active Server Page 的缩写，意为"动态服务器页面"。ASP 是微软公司开发的代替 CGI 脚本程序的一种应用，它可以与数据库和其他程序进行交互，是一种简单、方便的编程工具。ASP 的网页文件的格式是 .asp。现在常用于各种动态网站中。

ASP 是一种服务器端脚本编写环境，可用来创建和运行动态网页或 Web 应用程序。ASP 网页包含 HTML 标记、普通文本、脚本命令以及 COM 组件等。利用 ASP 不仅可以向网页中添加交互式内容（如在线表单），还可以创建使用 HTML 网页作为用户界面的 Web 应用程序。与 HTML 相比，ASP 网页具有以下特点：

（1）利用 ASP 可以实现突破静态网页的一些功能限制，实现动态网页技术，方便连接 ACCESS 与 SQL 数据库。

（2）ASP 文件是包含在 HTML 代码所组成的文件中的，易于修改和测试。

（3）ASP 提供了一些内置对象，使用这些对象可以使服务器端脚本功能更强。服务器上的 ASP 解释程序会在服务器端执行 ASP 程序，并将结果以 HTML 格式传送到客户端浏览器上，因此，使用各种浏览器都可以正常浏览 ASP 所产生的网页。

（4）ASP 可以使用服务器端 ActiveX 组件来执行各种各样的任务，例如，存取数据库、发送 E-mail 或访问文件系统等。

下面举一个 ASP 代码的简单实例。

```
<!DOCTYPE html>
<html>
<body>
<%
dim i
for i=1 to 6
response.write("<h" &i& ">Heading" &i& "</h" &i&">")
next
%>
</body>
</html>
```

1.3　网页制作软件

1.3.1 Dreamweaver 软件

Adobe Dreamweaver，简称 DW，中文名称"梦想编织者"，最初为美国 Macromedia 公司开发，2005 年被 Adobe 公司收购。DW 是集网页制作和管理网站于一身的所见即所得网页代码编辑器。利用对 HTML、CSS、JavaScript 等内容的支持，设计师和程序员可以在几乎任何地方快速制作和进行网站建设。

Adobe Dreamweaver 使用的所见即所得的接口，也有 HTML 编辑的功能，借助经过简化的智能编码引擎，轻松地创建、编码和管理动态网站。访问代码提示，即可快速了解 HTML、CSS 和其他 Web 标准。使用视觉辅助功能减少错误并提高网站开发速度。

本书运用的是 Dreamweaver CS6 版本。

1.3.2 Photoshop 软件

Adobe Photoshop，简称"PS"，是由 Adobe Systems 开发和发行的图像处理软件。

Photoshop 主要处理以像素所构成的数字图像。使用其编、修与绘图工具，能够有效地进行图片编辑工作。PS 功能强大，在图像、图形、文字、视频、出版等方面都有涉及。

2003 年，Adobe Photoshop 8 被更名为 Adobe Photoshop CS。2013 年 7 月，Adobe 公司推出了新版本的 Photoshop CC，自此，Photoshop CS6 作为 Adobe CS 系列目前最新的一个版本被 CC 系列取代。

本书运用的是 Photoshop CC 版本。

1.3.3 Flash 软件

Flash 是由 Macromedia 公司推出的交互式矢量图和 Web 动画的标准，由 Adobe 公司收购。做 Flash 动画的人被称为闪客。网页设计者使用 Flash 软件创作出既漂亮又可改变尺寸的导航界面以及其他奇特的效果。Flash 的前身是 Future Wave 公司的 Future Splash，是世界上第一个商用的二维矢量动画软件，用于设计和编辑 Flash 文档。1996 年 11 月，美国 Macromedia 公司收购了 Future Wave，并将其改名为 Flash。之后于 2005 年 12 月 3 日，被 Adobe 公司收购。Flash 通常是指 Macromedia Flash Player（现为 Adobe Flash Player）。2012 年 8 月 15 日，Flash 退出 Android 平台，正式告别移动端。2015 年 12 月 1 日，Adobe 将动画制作软件 Flash professional CC2015 升级并改名为 Animate CC 2015.5，从此与 Flash 技术划清界限。

本书使用 Flash CS6 版本。

1.4 网页规划设计

1.4.1 了解网站设计流程

1. 明确网站主题

一个网站要有一个明确的主题，网站主题就是建立网站包含的核心内容，找准一个感兴趣的内容，做深、做透，做出独有的特色，这样才能给用户留下深刻的印象。网站主题无定则，任何内容都可以，但主题要求鲜明，在主题范围内，内容要做到大而全、精而深。

2. 搜集材料

明确网站的主题以后，就要围绕主题开始搜集材料。要想让网站建设独具特色，能吸引用户，就要多搜集材料，这样制作网站就容易一些。材料可以从图书、报纸、光盘、多媒体、互联网等渠道进行搜集，之后把搜集的材料加以整理，去粗取精，去伪存真，用作制作网页的素材。

3. 规划网站

一个网站设计得好不好取决于设计者的规划水平，网站规划包含的内容很多，如网站的结构、栏目的设置、网站的风格、颜色搭配、版面布局、文字图片的运用等，在制作网页之前就要把这些方面都考虑到了，才能在制作时驾轻就熟，胸有成竹。这样制作出来的网页才有个性、有特色，具有吸引力。

4. 制作网页

前面的准备工作都做好了，就可以开始按照规划步骤制作网页了。在制作网页时，先把大的框架结构设计好，然后再逐步完善小的结构设计。在设计时，可以先设计出简单的内容，再设计复杂的内容，以防出现问题时，便于修改。可以灵活地运用网站管理系统后台功能，从而提高制作效率。

5. 上传到 Web

网页制作完毕，需要发布到 Web 服务器上，才能够让用户看得到，现在上传的工具有很多，推荐使用 LeapFTP 软件，能方便地把网站发布到自己制作的网站存放服务器上。

6. 维护更新

网站制作完成之后，要适时宣传，从而提高网站的访问率和知名度。除此之外，还要经常维护和更新，保持内容的不断更新和完善，这样才能够吸引住用户浏览。

1.4.2 网页设计的基本原则

网页设计要遵循以下基本原则。

1. 网址

（1）注册错误域名

如果条件允许，要为站点注册不同的拼写、缩写或者常见的拼写错误域名。如果域名有不同的拼写方法，选择一个作为正式版本，将其他拼写的网址重新定向到此网址上。

（2）网站域名

商业网站的主页应该具有"www. 公司名 .com"或"www. 公司名 .com.cn"这样的域名。不要在域名后面添加复杂的代码甚至是"index.htm"之类的内容。

2. 新闻和公告信息

（1）标题简洁

标题应该用叙述语言，以尽量少的文字表达尽量多的信息内容。

（2）新闻内容提要

新闻内容提要要用尽量用具体的内容来吸引用户点击并阅读全文。

（3）新闻提要中不出现日期和时间

不必在新闻提要中列出日期和时间，除非它确实是一条爆炸性新闻并且经常更新。

3. 数字、时间和日期

（1）小数点

当显示一列数字时，要对齐小数点。

（2）时间

仅对时间敏感的信息显示日期和时间，无须显示星期几；显示最后更新的时间，而不是显示计算机生成的时间。

（3）日期的书写

不要只用数字表示日期，比如"010203"，它可能是 2 月 1 日，也可能是 1 月 2 日，而且有些国家的习惯不同。

4. 弹出窗口和引导页面

（1）尽量避免弹出式窗口

大量的弹出式广告早已使用户深恶痛绝，现在用户已经形成了一个共识弹出的窗口通常都是广告。因此，在网站主页上突出关键内容通常是最好的办法。

（2）跳转主页

当用户输入主页网址时或在其他页面上单击到站点的链接时，要能跳转到真正的主页。

1.5　思考与练习

1. 网页的组成元素有哪些？
2. 网页色彩搭配的原理是什么？
3. HTML 语言有哪些特点？
4. 列举制作网页的软件都有哪些？
5. 简述网站设计的流程。

第 2 章

Dreamweaver CS6 入门

Dreamweaver CS6 是集网页制作和管理网站于一体的网页编辑器，它可以轻松地制作出跨越平台限制的充满动感的网页。Dreamweaver CS6 可以满足用户制作出高品质网页的需求，深受设计师的喜爱。Dreamweaver CS6 支持代码、拆分、设计以及实时视图等多种方式进行创作、编写和修改网页（通常是标准通用标记语言下的一个应用 HTML），对于初级人员，无须编写任何代码就能快速创建 web 页面。学习制作网页，首先要了解 Dreamweaver CS6 的工作环境及基本操作。

◎学习目标

1. 了解 Dreamweaver CS6 软件功能。
2. 了解 Dreamweaver CS6 的工作界面。
3. 掌握 Dreamweaver CS6 的基本操作。
4. 学会用 Dreamweaver CS6 创建与管理站点的方法。

≫【课程导入】

Dreamweaver 将网页制作、网站开发、站点管理融为一体，易学、易用，用户无须手写代码，即使是初学者也可以轻松地创建各种动态效果，快速制作出极具表现力的网页。

本章主要介绍 Dreamweaver CS6 的操作界面、视图模式、基本操作以及站点的创建与管理等基础知识。

2.1 Dreamweaver CS6 功能概述

1. 制作效率

Dreamweaver 可以用最快速的方式将 Fireworks，FreeHand 或 Photoshop 等文档移至网页上。使用检色吸管工具选择荧幕上的颜色可设定最接近的网页安全色。对于选单，快捷键与格式控制，都只要一个简单步骤便可完成。Dreamweaver 能与您喜爱的设计工具，如 Playback Flash，Shockwave 和外挂模组等搭配，不需离开 Dreamweaver 便可完成，整体运用流程自然顺畅。此外，只要单击便可使 Dreamweaver 自动开启 Firework 或 Photoshop 来进行编辑与设定图档的最佳化。

2. 控制能力

Dreamweaver 是唯一提供 Roundtrip HTML、视觉化编辑与原始码编辑同步的设计工具。它包含 HomeSite 和 BBEdit 等主流文字编辑器。帧（frames）和表格的制作速度快得令人无法想象。进阶表格编辑功能使简单的选择单格、行、栏或作未连续之选取，甚至可以排序或格式化表格群组。Dreamweaver 支持精准定位，利用可轻易转换成表格的图层以拖拉置放的方式进行版面配置。Dreamweaver 软件成功整合动态式出版视觉编辑及电子商务功能，提供超强的支援能力给 Third-party 厂商，包含 ASP，Apache，BroadVision，Cold Fusion，iCAT，Tango 与自行发展的应用软体。梦幻样版和 XML Dreamweaver 将内容与设计分开，应用于快速网页更新和团队合作网页编辑。建立网页外观的样版，指定可编辑或不可编辑的部分，内容提供者可直接编辑以样式为主的内容却不会改变既定的样式。

3. 网站管理

使用网站地图可以快速制作网站雏形，设计、更新和重组网页。改变网页位置或文档名称，Dreamweaver 会自动更新所有链接。使用支援文字、HTML 码、HTML 属性标签和一般语法的搜寻及置换等软件功能，使复杂的网站更新变得迅速、简单。

2.2　Dreamweaver CS6 工作界面

启动 Dreamweaver CS6，进入 Dreamweaver CS6 工作界面，主要包括"标题栏""菜单栏""工具栏""插入栏""编辑窗口""属性面板"和"浮动面板"7 个部分，如图 2-1 所示。

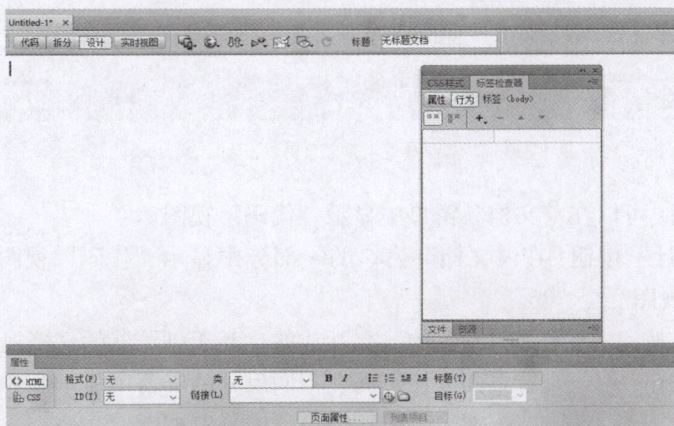

图 2-1　Dreamweaver CS6 工作界面

2.2.1　菜单栏

菜单栏中包含多个菜单项，如"文件""编辑""查看""插入""修改""格式""命令""站点""窗口"和"帮助"等，单击任意一个菜单将会弹出下拉菜单，从中选择不同的子菜单命令可以完成不同的操作，如图 2-2 所示。

图 2-2　标题栏

"文件"菜单：包含"新建""打开""保存""保存全部"以及其他各种命令菜单，用于查看当前文档或对当前文档执行操作。

"编辑"菜单：包含选择和搜索等命令菜单，如"选择父标签""查找和替换"。

"查看"菜单：可以查看文档的各种视图，如"设计"视图和"代码"视图，并且可以显示和隐藏不同类型的页面元素和 Dreamweaver 工具及工具栏。

"插入"菜单：提供"插入"栏的替代项，用于将对象插入到文档中。

"修改"菜单：可以更改选定页面元素或项的属性。单击此菜单项，可以编辑标签属性，更改表格和表格元素，为库项和模板执行不同的操作。

"格式"菜单：可以对文本进行操作，包括字体、字形、字号、字体颜色、HTML/CSS样式、段落格式化、扩展、缩进、列表和文本的对齐方式等操作。

"命令"菜单：提供对各种命令的访问，包括设置代码格式的命令、一个创建相册的命令等。

"站点"菜单：提供用于管理站点以及上传和下载文件的命令操作。

"窗口"菜单：提供对 Dreamweaver 中的所有面板、检查器和窗口的访问。

"帮助"菜单：提供对 Dreamweaver 文档的访问，包括关于使用 Dreamweaver，创建 Dreamweaver 扩展功能的帮助系统以及包括各种语言的参考材料。

2.2.2 工具栏

工具栏中包含各种工具按钮，如图 2-3 所示。

图 2-3 工具栏

"代码"按钮：可以在"文档"窗口中显示"代码"视图。

"拆分""设计"按钮：在"文档"窗口的一部分中显示"代码"视图，而在另一部分中显示"设计"视图。

"实时视图"按钮：显示不可编辑的、交互式的、基于浏览器的文档视图。

"多屏幕"按钮：用于查看页面，使页面在不同尺寸的屏幕中显示。

"在浏览器中预览／调试"按钮：可以在浏览器中预览或调试文档。

"文件管理"按钮：用于显示"文件管理"弹出菜单。

"W3C 验证"按钮：用于验证当前文档或选定的标签。

"浏览器的兼容性"按钮：可以检查所设计的页面对不同类型浏览器的兼容性。

"可视化助理"按钮：可以使用不同的可视化助理来设计页面。

"刷新设计视图"按钮：在"代码"视图中进行更改后刷新文档的"设计"视图。

"标题"文本框：可以为文档输入一个标题，将显示在浏览器的标题栏中。如果文档已经有了一个标题，则该标题将显示在该区域中。

2.2.3 "属性"面板

"属性"面板主要用于查看和更改所选择对象的各种属性。其中包含两个选项，即 HTML 选项和 CSS 选项。HTML 选项为默认格式，单击不同的选项可以设置不同的属性，如图 2-4 所示。

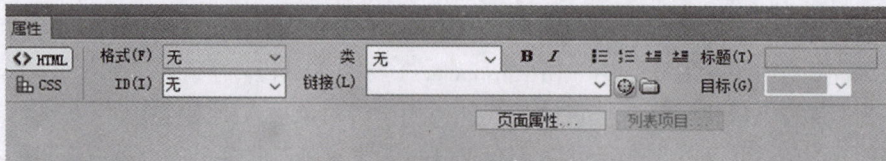

图 2-4 "属性"面板

2.2.4 面板组

面板组是停靠在窗口右边的多个相关面板的集合，如图 2-5 所示。用户可以根据自己的实际需求自定义面板组中的集合元素。

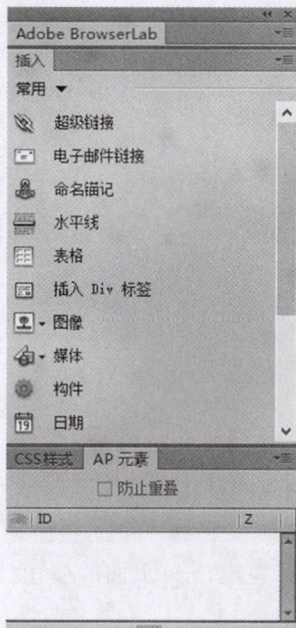

图 2-5 面板组

2.2.5 "插入"面板

Dreamweaver CS6 中最常用的面板就是"插入"面板。该面板包含多个次一级的面板，通过这些面板可以轻松实现各种网页对象的插入。下面简单介绍其中几个面板。

（1）"常用"插入面板

"常用"插入面板包含网页中各种常见的元素，如超链接、水平线以及表格等（见图 2-5）。

（2）"布局"插入面板

"布局"插入面板包括"标准"表格和"扩展"表格两个选项卡，如图 2-6 所示。

（3）"表单"插入面板

"表单"插入面板用于在网页中快速添加各种表单元素，如表单、文本字段、隐藏域等，如图 2-7 所示。

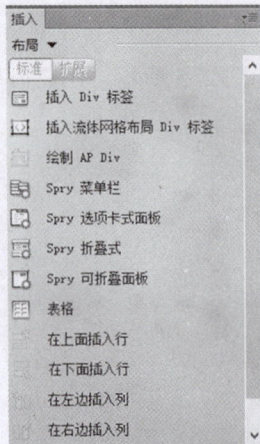

图 2-6　"布局"插入面板　　　　　图 2-7　"表单"插入面板

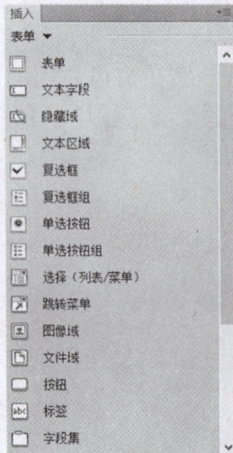

（4）"数据"插入面板

在"数据"插入面板中，用户可以插入各种数据，如 Spry 数据对象、记录集和插入记录等。单击某个按钮，即可完成相应的操作，如图 2-8 所示。

（5）Spry 插入面板

Spry 插入面板包含了一些用于构建 Spry 页面的按钮，如包括 Spry 数据对象和 Widget，如图 2-9 所示。

图 2-8　"数据"插入面板　　　　　图 2-9　Spry 插入面板

除此之外，还可插入 jQuery Mobie、In Context Editing、"文本""收藏夹"等面板。

2.3　Dreamweaver CS6 的基本操作

2.3.1 网页文件的基本操作

1. 新建网页文件

Dreamweaver CS6 新建网页文件的方法主要有两种：一种是直接创建空白网页文档，另一种是通过 Dreamweaver CS6 内置的模板文档，创建具有一定内容及样式的网页文档。空白网页文档可通过"文件"→"新建"命令创建。

2. 保存网页文件

不管是新建的网页，还是打开并编辑过的网页，都需要进行保存，它是整个网页制作中最频繁的操作。选择菜单栏中的"文件"→"保存"命令可以保存网页文件。

3. 打开网页文件

若要对已有的网页进行编辑，需在 Dreamweaver CS6 中打开该网页文件。打开网页文件的方法主要有两种。

（1）通过"文件"→"打开"命令或 Ctrl+O 组合键打开。

（2）在开始界面中单击"打开"按钮。

4. 关闭网页文件

当网页文件编辑完成并保存后，即可关闭网页文件。关闭网页有多种方式，例如，单击网页文件对应选项卡右侧的"关闭"按钮；选择"文件"→"关闭"命令；选择"文件"→"全部关闭"命令（关闭全部文件）；等等。

2.3.2 设置页面属性

网页的基本属性包括网页标题、背景颜色和图像、文本格式和超链接格式等，正确设置页面属性可以更好地完成网页的制作。

【实例】

为 index 网页设置标题"我的主页"，并设置背景、文本及超链接的颜色。

【实例分析】

通过本实例，读者将学会网页的基本设置。

【具体操作】

步骤 1：选择"修改"→"页面属性"命令，单击"标题 / 编码"选项，在"标题"框中输入"我的主页"，单击"确定"按钮，如图 2-10 所示。

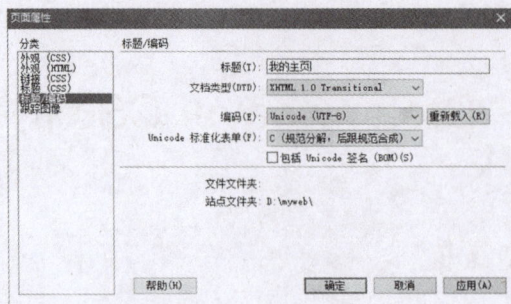

图 2-10 设置页面标题

步骤 2：单击"外观"选项，设置网页的背景、文本和链接颜色，单击"确定"按钮，完成页面属性设置。如图 2-11 所示。

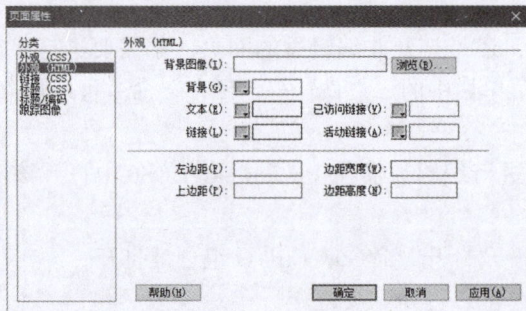

图 2-11 设置外观

2.3.3 网页预览与参数设置

在网页制作过程中，经常需要通过浏览器查看页面效果，以便修改和完善。由于目前广泛使用的浏览器众多，使用者想在多种浏览器中测试效果，就需要进行预览设置。

【实例】

添加 IE 浏览器为新的浏览器，预览"我的练习"站点中的 index.html 页面。

【实例分析】

本实例将讲解网页预览与参数设置的方法。

【具体操作】

步骤 1：选择"编辑"→"首选参数"命令，弹出"首选参数"对话框，如图 2-31 所示。选择"在浏览器中预览"选项，单击 ➕ 按钮，弹出"添加浏览器"对话框，在"名称"框中输入 2345，选择应用程序，单击"确定"按钮，再次单击"确定"按钮，添加 2345 浏览器。

步骤 2：选择"文件"→"打开"命令，打开"打开"对话框，如图 2-12 所示。在"查范围"列表框中选择"myweb"，单击 index 文件，单击"打开"按钮，打开 index 网页。

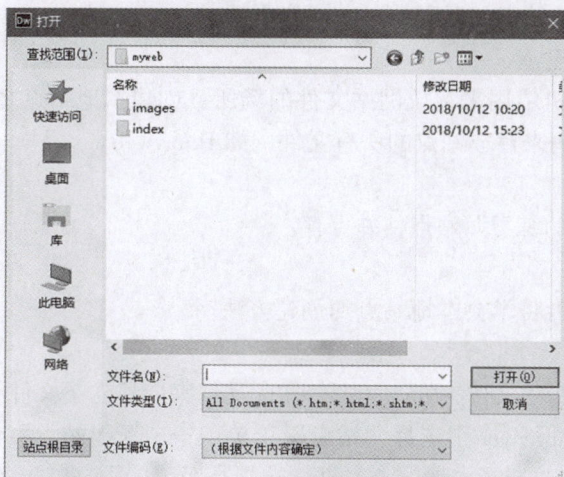

图 2-12　打开 index

步骤 3：选择"文件"→"在浏览器中预览"→"2345"命令，即可使用 2345 浏览器预览 inciex 网页。

2.4　创建与管理站点

2.4.1 规划站点

站点是网站中使用的所有文件和资源的合集，由文件和文件所属的文件夹组成。Dreamweaver CS6 可以帮助使用者在计算机的磁盘中建立本地站点，通过站点来管理文件、设置网站结构，并在完成所有文件的编辑之后，将本地站点上传到 Internet。

规划站点结构是指利用不同的文件夹将不同的网页内容分门别类地保存，合理地组织站点结构，以提高工作效率，加快对站点的设计。

在规划站点结构时，采用树形模式，即先划分频道，再划分栏目，栏目内又分具体的子栏目，依此类推，形成树根形的模式图。

使用 Dreamweaver CS6 制作站点时，首先在本地磁盘上创建一个站点根目录文件夹；其次在该文件夹中创建所有的频道文件夹；然后在各频道文件夹中创建各栏目文件夹，最后在各栏目文件夹中创建子栏目文件夹即可完成站点结构的规划与创建。

在站点规划过程中，需使用合理的文件名称、文件夹名称，以便用户理解和记忆，并且能够表达出网页的内容。通常，在命名时可采用与其内容相同的英文或拼音进行命名（应避免使用长文件名和中文），如音乐文件夹可以命名为 muslc（音乐）或 tune（曲子）。

2.4.2 创建站点

Dreamweaver CS6 的站点包括本地站点和远程站点。通过 Dreamweaver 可以实现文件的上传和下载，以及本地站点和远程站点的同步更新。

1.本地站点的创建

本地站点是计算机中用来存放网站文件的场所。创建本地站点之前，应在本地磁盘建立一个网站文件夹，用来存放站点的所有文件，如 D:/myweb。

【实例】

在 F 盘创建"我的练习"站点，并保存。

【实例分析】

通过本实例，读者将学会本地站点的创建方法。

【具体操作】

步骤 1：在 D 盘新建文件夹 myweb，并在此文件夹内建立子文件夹 images。

步骤 2：在 Dreamweaver 中选择"站点"菜单项→"新建站点"命令，在"站点名称"中输入"我的练习"，并选择本地站点文件。选择高级设置，在弹出的对话框中选择"本地信息"，选择默认头像文件夹，单击"保存"按钮，即可完成创建"我的练习"站点。如图 2-13 所示。

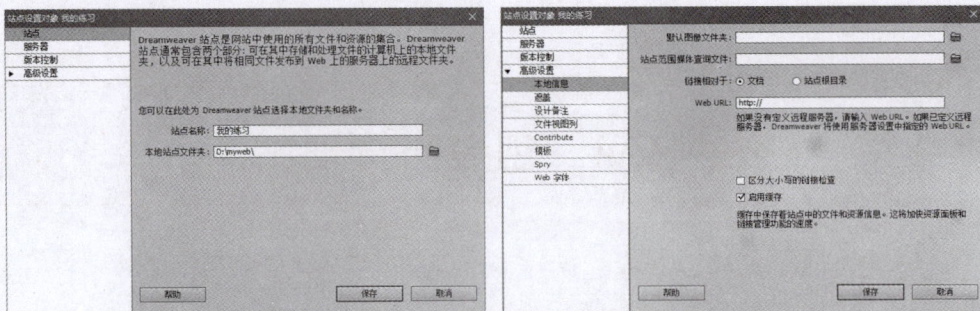

图 2-13　新建"我的练习"站点

步骤 3：在"文件"面板中，可以查看新建的站点及文件夹，如图 2-14 所示。

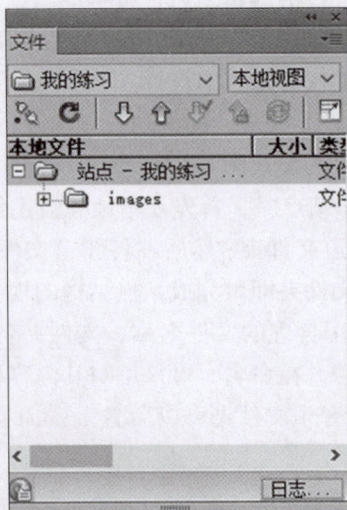

图 2-14　"我的练习"站点

2. 远程站点的创建

通过设置远程站点，可以实现本地站点与远程站点的关联，从而进行文件的上传和下载，管理远程服务器上的文件。使用者可以通过 FTP、SFTP、本地／网络等多种方式建立远程站点。

【实例】

使用 FTP 连接远程服务器，创建"我的练习"站点的远程站点。

【实例分析】

通过本实例，读者将学会创建远程站点。

【具体操作】

步骤 1：在 Dreamweaver 中选择"站点"菜单项→"管理站点"命令，弹出"管理站点"对话框，单击"我的练习"站点，选择"编辑当前选定的站点"按钮，弹出"站点设置对象 我的练习"对话框，单击"服务器"选项，单击"添加新服务器"按钮，设置基本信息（使用由服务器运营商提供的信息），单击"保存"按钮，即可创建远程服务器。如图 2-15 所示。

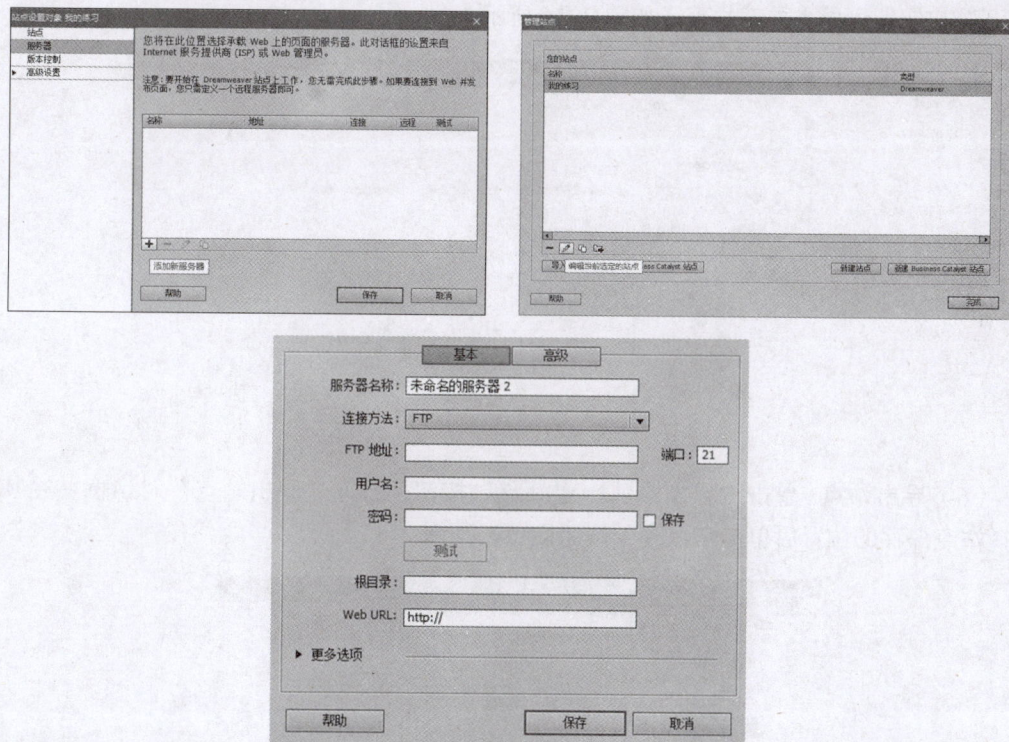

图 2-15　创建远程站点

步骤 2：单击"完成"按钮，完成远程站点的保存。

2.4.3 管理站点

完成站点的创建后，在编辑过程中如遇到问题，还可以对站点进行编辑，编辑方法主要有在"站点管理"对话框中进行编辑，管理站点中的文件和文件夹，管理远程站点等操作，下面将分别进行讲解。

1. 在"站点管理"对话框中管理站点

在 Dreamweaver 中选择"站点"菜单项→"管理站点"命令，打开"管理站点"对话框，即可进行新建、编辑、复制、删除、导入和导出站点等操作。

管理站点的方法操作如下：

（1）新建站点：单击"新建站点"按钮，打开"站点设置对象"对话框，然后按照前面讲解的方法即可新建站点。

（2）复制站点：单击"复制当前选定的站点"按钮可以复制当前选择的站点，并在站点名称后添加"复制"两字。如复制站点 myweb，复制后站点名称为"myweb 复制"。

（3）编辑站点：单击"编辑当前选定的站点"按钮可以打开"站点设置对象"对话框，可以对站点名称、文件夹位置和服务器等进行编辑。

（4）删除站点：单击"删除当前选定的站点"按钮，在打开的对话框中单击"是"按钮即可删除选择的站点。

（5）导入站点：单击"导入站点"按钮，在打开的对话框中选择已有的站点后，单击"打开"按钮即可导入外部站点，如图 2-16 所示。

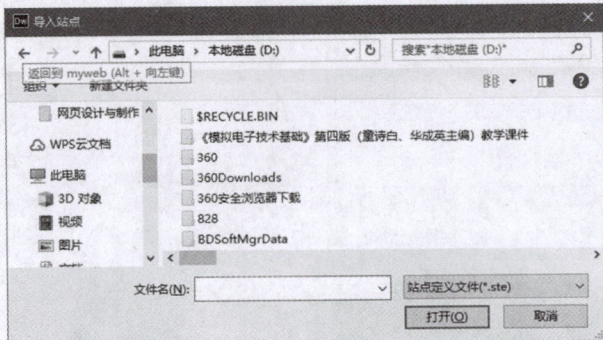

图 2-16 导入站点

（6）导出站点：单击"导出当前选定站点"按钮，打开"导出站点"对话框，在其中选择站点保存的位置后单击"保存"按钮即可，如图 2-17 所示。

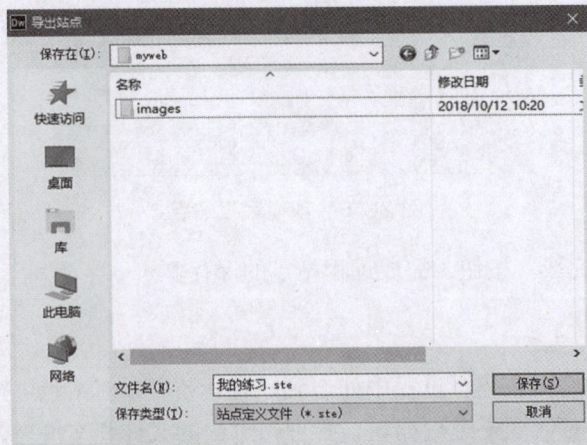

图 2-17 导出站点

2. 管理远程站点

将本地站点连接到远程服务器后，即可在远程站点中进行上传与下载文件、新建与删除文件或文件夹等操作。

下面将在 myweb 站点中连接新建的"我的网页"服务器，并上传 myweb 站点中的 images 文件夹到服务器中，其具体操作如下：

步骤 1：启动 Dreamweaver CS6，选择"窗口"菜单项→"文件"命令，打开"文件"面板。在该面板的下拉列表框中选择 myweb 选项，切换到 myweb 站点的界面，然后单击面板右上方的"展开以显示本地和远程站点"按钮，如图 2-18 所示。

步骤 2：展开"文件"面板，可在左侧窗口中查看远程站点，在右侧窗口中查看本地站点。单击面板上方的"连接到远程服务器"按钮，如图 2-19 所示。

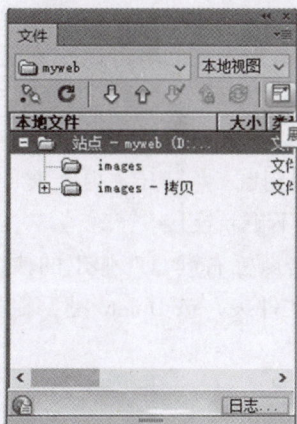

图 2-18　展开"文件"面板　　　　　　　　　　图 2-19　链接远程服务

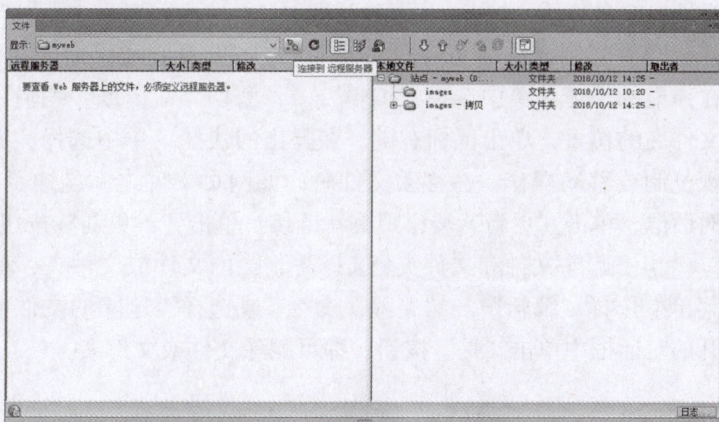

步骤 3：在"本地文件"栏中选择 images 文件夹选项，单击上方的"向'远程服务器'上传文件"接钮，如图 2-20 所示。

图 2-20　上传文件

步骤 4：Dreamweaver 自动将 images 文件夹上传到服务器中，在"远程服务器"栏中即可看到上传的文件夹。

3. 管理站点中的文件与文件夹

新建的站点只是一个框架，并未包含任何内容，为了使用户能掌握站点内容的操作，还需对站点中的文件与文件夹进行操作。通常，我们可以在站点中对文件或文件夹进行新建、复制和移动、删除及重命名等操作。

（1）新建文件和文件夹：选择"窗口"菜单项→"文件"命令或按F8键打开"文件"面板。在该面板的"本地文件"栏中显示用户创建的站点，鼠标右键单击站点根目录，在弹出的快捷菜单中选择"新建文件"或"新建文件夹"命令，即可在站点的根目录下方新建一个网页文件或文件夹并进入其编辑状态，然后为其命名即可。

（2）重命名文件和文件夹：在需重命名的文件或文件夹上单击鼠标右键，在弹出的快捷菜单中选择"编辑"→"重命名"命令，或直接按F2键进入改写状态，重新输入文件或文件夹的名称后，按Enter键确认即可。

（3）复制或移动文件和文件夹：在需要复制或移动的文件或文件夹上单击鼠标右键，在弹出的快捷菜单中选择"编辑"→"剪切"命令或"编辑"→"拷贝"命令，选择目标文件夹的位置，单击鼠标右键，在弹出的快捷菜单中选择"编辑"→"粘贴"命令即可实现复制或移动操作。在移动文件时，如网页文件之间创建了超链接，将打开"更新文件"对话框，单击"更新"按钮则更新链接，单击"不更新"按钮则不更新连接。

（4）删除文件和文件夹：选择需删除的文件或文件夹，单击鼠标右键，在弹出的快捷菜单中选择"编辑"→"删除"命令；或选择需删除的文件或文件夹，按Delete键，在打开的对话框中单击"是"按钮，即可删除文件或文件夹。

2.5　思考与练习

1. 请问 Dreamweaver CS6 有哪些主要功能？
2. 简述"插入"面板的组成。
3. 如何打开网页文件？
4. 如何创建本地站点？

第 3 章

编辑基础网页元素

　　文本、符号、图像、声音、动画及视频等是网页制作中的重要元素，网页通过各种元素向用户展示信息，起到宣传效果。在网页中插入各种类型的素材是制作网页的关键也是难点所在，应根据网站的主题和内容选择合适的素材，并适当加工来制作网页，以达到满意的展示效果。

◎学习目标

1. 掌握文本与字体的设置。
2. 掌握文本的操作。
3. 学会使用项目列表和编号列表。
4. 掌握插入特殊页面元素的方法。
5. 掌握插入图像的方法。
6. 掌握插入多媒体的方法。

≫【课程导入】

为了让制作的网页呈现效果更美观，内容更丰富，就需要对其外观效果进行设置并添加各种网页元素。添加基本网页元素是表达信息的重要建径，大量的信息传播都是以这些网页元素为主的，本章将对这些知识进行具体讲解。

3.1　设置字体与页面背景

3.1.1 设置文字的大小和颜色

1. 设置文字的大小

字体的大小会直接影响到用户的阅读效果，所以设置一个合适的字体大小非常重要。尤其是在一段话中，想要突出某些文字，可以将其字号调大。

在 HTML 中设置字体的大小，可以使用 \<font\> 标签的 size 属性来完成，如 \<font size="5"\>Responsive layout\</font\>。

2. 设置文字的颜色

制作一个漂亮的、个性化的网页通常不止采用一种颜色，如果想要突出显示某些文本，可以为这些文本设置突出的颜色。

在 HTML 中，要设置文本的颜色，可以使用 \<font\> 标签的 color 属性来完成，如 \<font color="#FF0000"\>Effective landing page for sales\</font\>。

3.1.2 为文字添加加粗和倾斜样式

为了让页面更加美观或突出显示某些文字，用户可以对页面的全部或部分文字的字体效果进行设置，例如加粗、倾斜等。

在 HTML 中，加粗字体使用 \<strong\> 标签，让文字倾斜使用 \<i\> 标签，如 \<strong\> Effective landing page for sale \</strong\>，\<i\> Effective landing page for sale \</i\>。

3.2　文本的简单操作

3.2.1　插入文本

在 Dreamweaver CS6 中可直接在网页文档中插入文本，可通过输入和复制的方法进行插入。

直接输入文本：将鼠标光标定位在网页文档中需要添加文本的位置，切换输入法进行文本的输入，即可插入文本如图 3-1 所示。

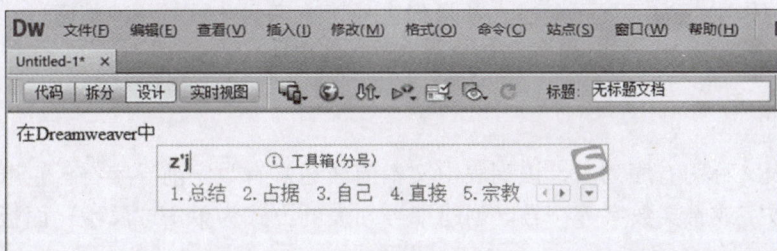

图 3-1　直接输入文本

复制插入文本：选中所需复制的文本，单击鼠标右键，在弹出的快捷菜单中选择"复制"命令，然后将光标定位在网页中需要插入文本的位置，单击鼠标右键，在弹出的快捷菜单中选择"粘贴"命令，即可完成文本的插入。

3.2.2　设置段落格式

当用户对网页文档中的文本属性进行修改后，还可以对输入文本的段落格式进行修改。修改文本的段落格式主要包括对文本进行对齐、段落缩进等设置。

设置段落对齐：Dreamweaver CS6 中的段落对齐格式主要有居中对齐、两端对齐、左对齐和右对齐 4 种模式。对齐格式可通过菜单命令进行设置，也可在"属性"面板中进行设置。

通过菜单命令设置：将鼠标光标定位到要进行对齐的段落文本中，选择"文本"→"对齐"命令，在弹出的子菜单中选择相应的对齐命令即可。

通过"属性"面板设置：将鼠标光标定位到要进行对齐的段落文本中，在"属性"面板中单击"左对齐"按钮即可将其左对齐，单击"居中对齐"按钮即可将其居中对齐，单击"右对齐"按钮即可将其右对齐，单击"两端对齐"按钮即可将其两端对齐。

3.2.3　设置文本换行

在 Dreamweaver CS6 中进行换行后，行与行之间并没有空白行，因此与段落有着本质的区别。换行的方法有以下两种：

（1）定位文本插入点，按 Shift+Enter 组合键。

（2）定位文本插入点，选择"插入"→"HTML"→"特殊字符"→"换行符"命令。

3.3　使用项目列表和编号列表

3.3.1 插入项目列表

项目列表元素使用一个项目符号为前缀，将并列关系的内容并排，整个项目列表的标签为 <ul>，其中的每个列表项标签为 <li>。

在网页制作中，为网页元素插入项目列表通常有两种方式：一种是通过"格式"菜单插入，另一种是直接在"属性"面板中选择项目列表图标。

3.3.2 插入编号列表

编号列表又称为有序列表，该列表中文本前面通常有数字前导字符，它可以是英文字母、阿拉伯数字或希文数字等符号。创建编号列表的方式为单击"属性"面板中的"编号列表"按钮。

3.4　插入特殊页面元素

3.4.1 插入特殊字符

特殊字符包括版权、注册商标、商标、英镑符号、日元符号、欧元符号、左引号、右引号、破折线和一字线等。下面以插入商标为例，详细介绍插入特殊字符的操作方法。

步骤 1：打开素材文件，将光标定位在准备插入"商标"的位置，单击"插入"菜单；在弹出的菜单中，选择 HTML 菜单项；在弹出的子菜单中，选择"特殊字符"子菜单项；在弹出的子菜单中，选择"商标"子菜单项，如图 3-2 所示。

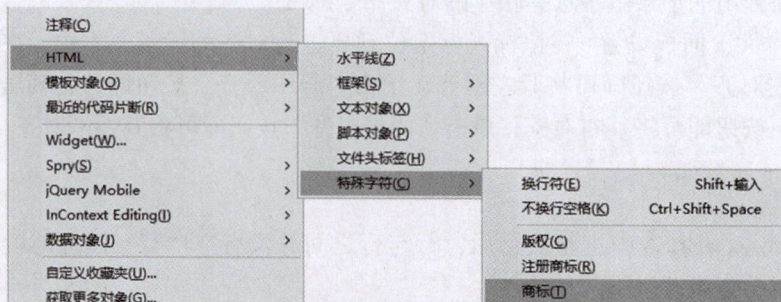

图 3-2　插入"商标"

步骤 2：这时回到窗口，可以看到已经插入的"商标"字符，通过上述方法即可完成插入特殊字符的操作，如图 3-3 所示。

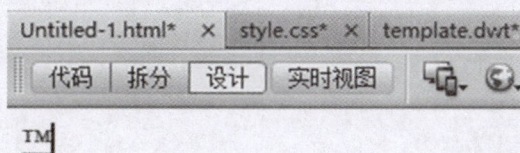

图 3-3　插入效果

3.4.2 插入日期

插入日期是指将当前的日期时间插入到网页中，以简化输入的烦琐。插入日期的方法为选择"插入"菜单项→"日期"命令，在弹出的"插入日期"对话框中选择日期格式即可。

3.4.3 插入水平线

水平线有分割内容的作用。要插入水平线，除了在指定处插入 <hr\> 标签以外，还可以通过"插入"菜单来实现，其具体操作为选择"插入"→"HTML"→"水平线命令"即可。

3.4.4 插入注释

如果需要对网页文档中的某些操作进行相关说明，以方便设计人员对网页进行检查与维护，可在"常用"插入栏中单击"注释"按钮，在打开的对话框中添加注释语句，如图 3-4 所示。此时，系统将提示不能看见添加的注释，如图 3-5 所示。

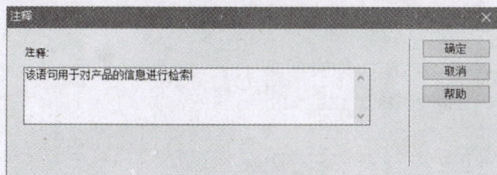

图 3-4　添加注释

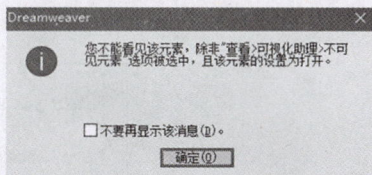

图 3-5　提示对话框

添加的注释可在代码视图中进行查看。如果用户想在设计视图中查看注释内容，可选择"编辑"/"首选参数"命令，打开"首选参数"对话框，在"分类"列表框中选择"不可见元素"选项，在右侧的列表中选中"注释"复选框，单击"确定"按钮，如图 3-6 所示。返回网页文件，可看到注释标记。选择该标记，则可在"属性"面板中查看其内容，如图 3-7 所示。

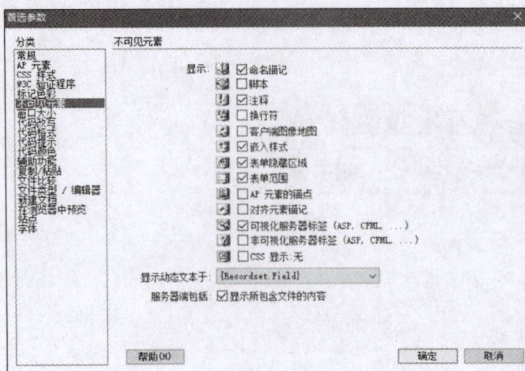

图 3-6　"首选参数"对话框

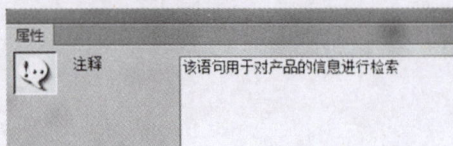

图 3-7　查看注释内容

3.5　在网页中插入图像

3.5.1　插入图像

单调的文本网页很难吸引用户继续浏览，而且还容易使用户产生烦躁感。适当地加入一些精美的图像，不仅使内容更丰富，还更具吸引力和感染力，重要的是可以更加直观地向用户传递信息。

在 HTML 中，表示图像的标签为 <img\>，使用该标签的 src 属性可以指定图像路径。同时利用 Dreamweaver CS6 也可以向网页中添加图像，具体操作如下：

步骤 1：打开 index. html 素材文件，将光标定位到页面中的相应文本插入位置，如图 3-8 所示。

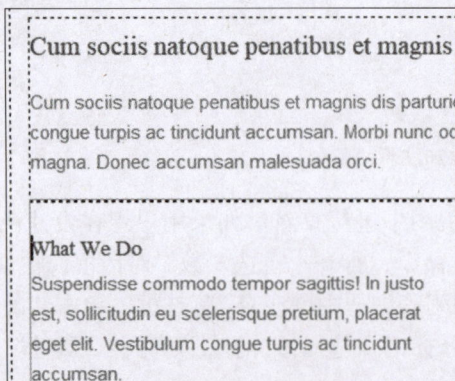

图 3-8　定位文本插入点

步骤 2：在菜单栏中单击"插入"菜单项，在弹出的下拉菜单中选择"图像"命令，如图 3-9 所示。

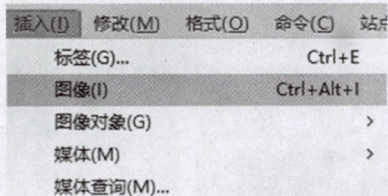

图 3-9 选择"插入"→"图像"命令

步骤 3：打开"选择图像源文件"对话框，选择文件的保存位置，在中间的列表框中选择需要插入的图像文件，单击"确定"按钮，确认插入的图片，如图 3-10 所示。

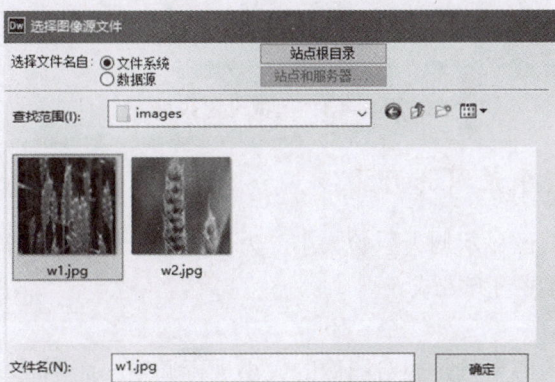

图 3-10 选择需要插入的图像

步骤 4：打开"图像标签辅助功能属性"对话框，在"替换文本"下拉列表框中选择"<空>"选项，单击"确定"按钮，确认插入图片，如图 3-11 所示。

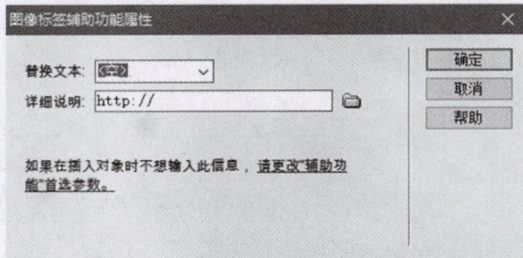

图 3-11 设置图像标签辅助功能属性

步骤 5：返回到设计模式窗口中，用相同的方法插入其他图像并保存网页。单击"在浏览器中预览\调试"下拉按钮，在弹出的菜单中选择预览方式，如"预览在 IExplore"选项，如图 3-12 所示。

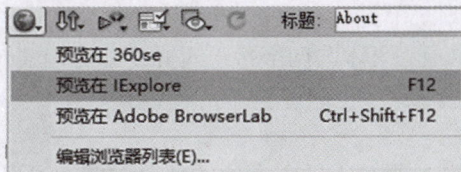

图 3-12 选择预览方式

步骤 6：程序自动启动 IE 浏览器，即可查看到插入的图片效果，如图 3-13 所示。

What We Do

Suspendisse commodo tempor sagittis! In justo est, sollicitudin eu scelerisque pretium, placerat eget elit. Vestibulum congue turpis ac tincidunt accumsan.

Our Standards

Suspendisse commodo tempor sagittis! In justo est, sollicitudin eu scelerisque pretium, placerat eget elit. Vestibulum congue turpis ac tincidunt accumsan.

图 3-13　预览设置效果

3.5.2 调整图像的大小及对齐方式

在网页中插入的图像显示均为原始大小，为了让图像显示效果符合要求，通常需要调整其大小，同时需要调整对齐方式。

1. 调整图像大小

调整图像大小时，如果只是想对图像的大小进行调整，而不改变图像原有的内容，可通过缩放图像来进行设置，其方法为：选择图像后，将鼠标放在图像右下角，当鼠标变为"↖"形状时，按住 Shift 键即可等比例缩放图片。

2. 调整图像的对齐方式

图像常见的对齐方式包括左对齐、居中对齐、右对齐和两端对齐。在 Dreamweaver CS6 中，单击"格式"菜单，在弹出的下拉菜单中，选择"对齐"菜单，在弹出的子菜单中用户可以选择相应的对齐方式，如图 3-14 所示。

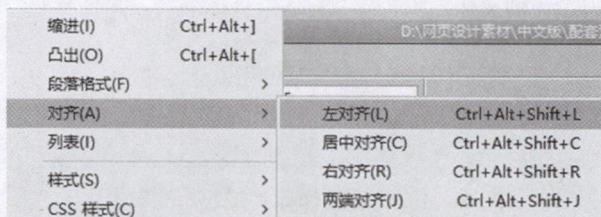

图 3-14　设置图像对齐方式

左对齐：选择该菜单项，图像文件将位于文档左侧。

居中对齐：选择该菜单项，图像文件将在文档中居中显示。

右对齐：选择该菜单项，图像文件将位于文档右侧。

两端对齐：选择该菜单项，文本与两个边缘对齐，即为两端对齐。

3.5.3 裁剪图像

在网页中插入图像后，如果只需插入图像的部分内容，可以通过裁剪功能裁剪出所需要的部分。具体方法为选中需要裁剪的图像，在"属性"面板中单击"裁剪"按钮即可进行裁剪操作。

3.5.4 调整图像的亮度和对比度

如果想对插入的图像的亮度或对比度进行调整，使其效果更加美观，可以在Dreamweaver CS6中直接进行调整，方法：选中图像后，选择"修改"→"图像"→"亮度/对比度"命令或单击图像"属性"面板中的按钮，打开"亮度/对比度"对话框，通过拖动亮度、对比度调整沿块，可以调整当前图像的亮度和对比度，如图3-15所示。

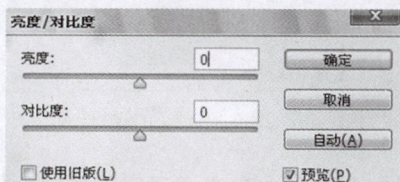

图 3-15　"亮度/对比度"对话框

该对话框中各选项的含义如下：
（1）"亮度"滑块；拖动滑块可提高或降低图像亮度。
（2）"对比度"滑块：拖动滑块可增强或减弱困像对比度
（3）"亮度"和"对比度"文本框：输入数值来调整亮度和对比度，其范围为-100～100。
（4）"预览"复选框：选中该复选框后可实时查看文档窗口中图像的调整效果。

3.5.5 添加背景图像

在Dreamweaver CS6中，添加背景图像可以达到美化网页的目的，下面详细介绍添加背景图像的操作方法
步骤1：打开素材文件，在"属性"面板中，单击"页面属性"按钮，如图3-16所示。

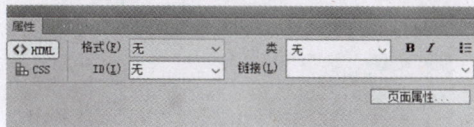

图 3-16　单击"页面属性"按钮

步骤2：弹出"页面属性"对话框，在"分类"列表中，选择"外观（HTML）"列表项，单击"背景图像"区域中的"浏览"按钮，如图3-17所示。

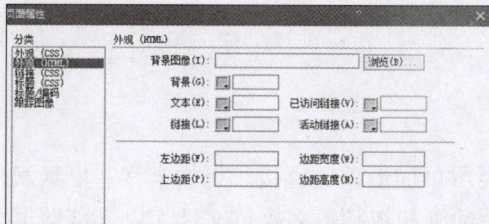

图 3-17　单击"浏览"按钮

步骤 3：弹出"选择图像源文件"对话框，选择图像文件存储位置，选择准备添加的背景图像，单击"确定"按钮，如图 3-18 所示。

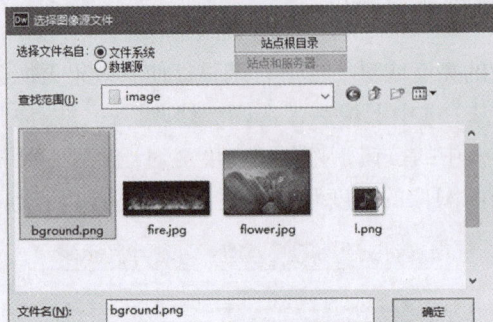

图 3-18　单击"确定"按钮

步骤 4：返回"页面属性"对话柜，单击"确定"按钮，如图 3-19 所示。

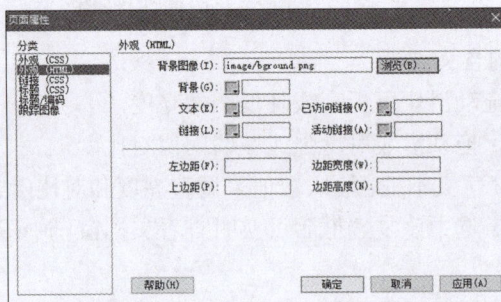

图 3-19　单击"确定"按钮

步骤 5：返回软件主界面，可以看到已添加的背景图像，如图 3-20 所示。

图 3-20　已经添加的背景图像

3.6　在网页中插入多媒体

为了让网页内容的显示更加形象、直接，更加丰富，更具娱乐性，除插入图片外，还可以在网页中插入音频、动画和视频等多媒体文件，以丰富网页内容的多样化，下面讲解在网页中插入多媒体文件的各种操作方法。

3.6.1 插入背景音乐

如果想让网页一打开就能听到舒适的背景音乐，用户可以通过在网页中添加背景音乐来实现，下面将介绍详细的操作步骤。

步骤 1：打开 index.html 素材文件，将光标定位到需要插入背景音乐的位置，如图 3-21 所示。

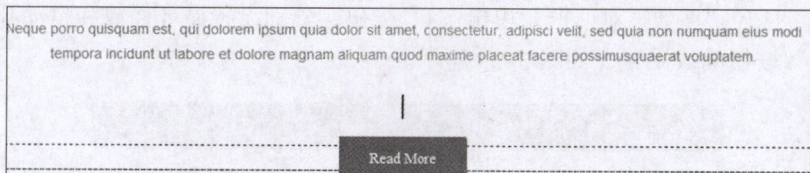

图 3-21　定位背景音乐插入点

步骤 2：在菜单栏中单击"插入"菜单项，在弹出的下拉菜单中选择"媒体"选项，选择"插件"命令，如图 3-22 所示，

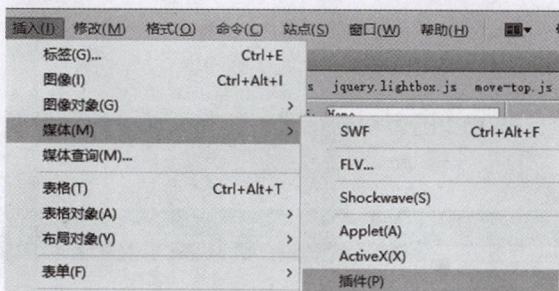

图 3-22　选择"插入"→"媒体"→"插件"命令

步骤 3：打开"选择文件"对话框，选择所需的音乐文件，单击"确定"按钮，如图 3-23 所示。

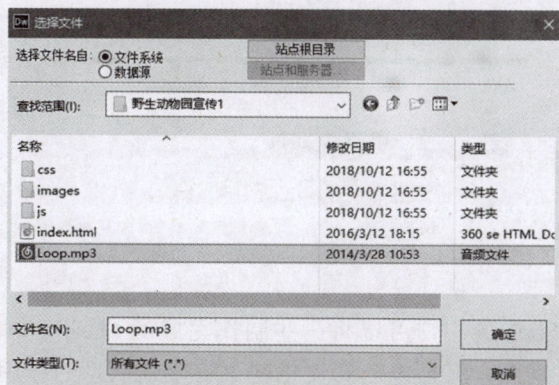

图 3-23　选择目标音乐文件

步骤 4：单击设计区插入的图标，在"属性"面板上设置"高"与"宽"，单击"参数"按钮，如图 3-24 所示。

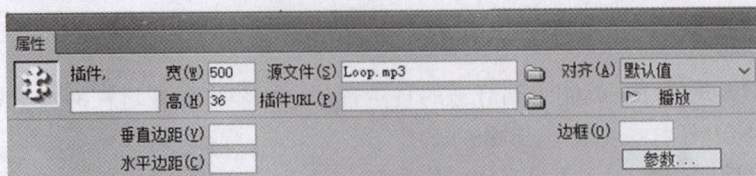

图 3-24　单击"参数"按钮

步骤 5：打开"参数"对话框，单击"+"按钮，分别设置循环播放和自动开始的参数，单击"确定"按钮确认设置，如图 3-25 所示。

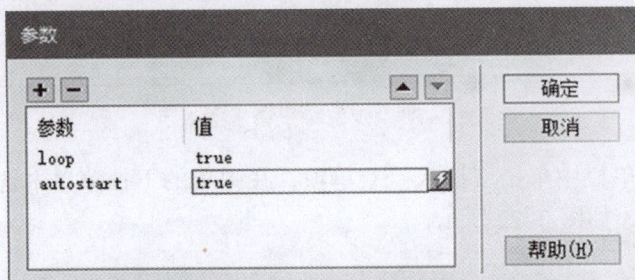

图 3-25　设置音乐播放参数

步骤 4：保存网页，按 F12 键启动浏览器，这时页面中的背景音乐就会自动开始播放，如图 3-26 所示。

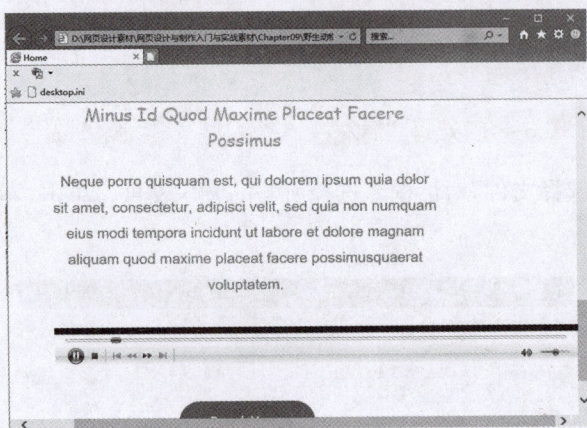

图 3-26　试听背景音乐

3.6.2　插入动画

在 Dreamweaver CS6 中，用户可以将一些制作完成的 Flash 动画插入网页中，既可以展示制作精美的 Flash 动画，又可以起到美化网页、传达信息的作用，下面详细介绍插入 Flash 动画的操作方法。

步骤 1：打开素材文件，打开"flash.html"文件，单击"插入"菜单，在弹出的下拉单中，选择"媒体"菜单；在弹出的子菜单中，选择 SWF 子菜单，如图 3-27 所示。

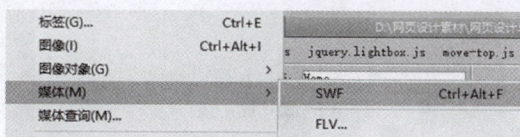

图 3-27　选择 SWF 子菜单

步骤 2：弹出"选择 SWF"对话框，选择 SWF 文件存储的位置，选择准备插入的 SWF 文件，单击"确定"按钮，如图 3-28 所示。

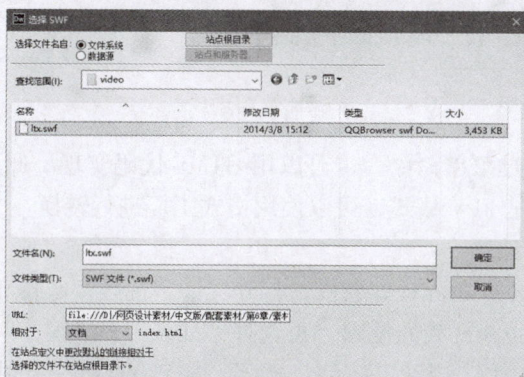

图 3-28　选择 SWF 文件

步骤 3：弹出"对象标签辅助功能属性"对话框，单击"确定"按钮，如图 3-29 所示。

步骤 4：返回软件主界面，单击"实时视图"按钮，即可查看插入的 Flash 动画。这样就完成了插入 Flash 动画的操作，如图 3-30 所示。

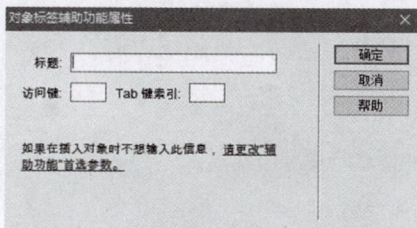

图 3-29　弹出"对象标签辅助功能属性"对话框

图 3-30　查看插入的 Flash 动画

3.6.3 插入视频文件

FLV 是当前视频文件的主流格式，其文件扩展名是 .flv。FLV 视频极小，加载的速度非常快，目前网站提供的视频文件大多使用 FLV 格式，用户只要能在网页上看到 Flash 就能看到 FLV 视频，无须安装其他插件。

【实例】

制作视觉暂留现象

【实例分析】

通过鸟笼实验，验证视觉暂留现象，在网页中配以实验器材与实验过程的视频，可使网页的宣传效果更好，如图 3-31 所示。（如果浏览器未安装 Flash 播放器，将无法看到动画效果。）

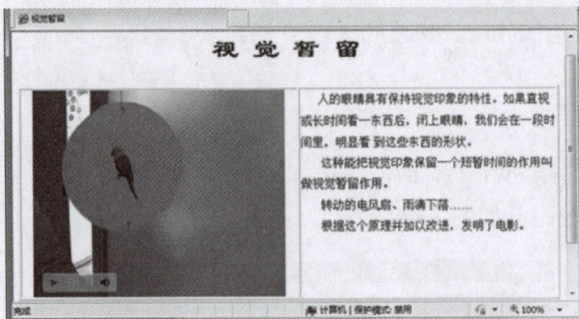

图 3-31　"视觉暂留现象"网页效果

插入视频既可以通过菜单命令，也可以用 HTML 代码实现。此处插入的视频文件的格式是 FLV，如果视频不是 FLV 格式，可以使用格式工厂进行转换。

【具体操作】

步骤 1：运行 Dreamweanver CS6 软件，打开文件"视频暂留初 .html"。

步骤 2：单击确定插入视频的位置，再选择"插入"→"媒体"→"FLV"命令，打开"插入 FLV"对话框，单击"浏览"按钮，选择"MOV002.flv"文件，单击"确定"按钮，返回"插入 FLV"对话框，设置视频宽度和高度，插入视频。如图 3-32 所示。

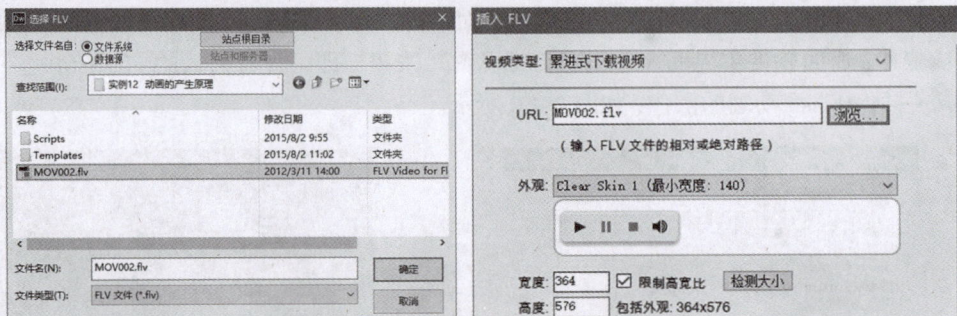

图 3-32　插入 FLV 视频

步骤 3：按 Ctrl+S 键保存文件，并按 F12 键，即可浏览网页效果。

3.7　思考与练习

1. 如何调整图像的大小？

2. 如何调整图像亮度和对比度？

3. 如何添加背景图像？

4. 如何插入动画？

5. 如何插入视频文件？

第4章

用 Photoshop 处理图形

　　计算机网页设计与制作包括美化、优化电子商务网店、处理商品图片、设计广告图、制作新产品的各种展示图片和图文描述等。Photoshop 主要处理以像素所构成的数字图像。使用其众多的编修与绘图工具，可以有效地进行图片编辑工作。Photoshop 软件有很多功能，能应用在图像、图形、文字、视频、出版等各方面。

◎学习目标

1. 了解 Photoshop 在网页中的应用。
2. 掌握 Photoshop 抠图的方法。
3. 掌握 Photoshop 修图的方法。
4. 掌握 Photoshop 图像合成的方法。

≫【课程导入】

1987 年，Photoshop 的主要设计师托马斯·诺尔买了一台苹果计算机（MacPlus）用来帮助他完成博士论文。在此期间，Thomas 发现当时的苹果计算机无法显示带灰度的黑白图像，因此他自己编写了一个程序 Display；而他兄弟约翰·诺尔这时在导演乔治·卢卡斯的电影特殊效果制作公司 Industry Light Magic 工作，对 Thomas 编写的这个程序很感兴趣。在此后的一年多，两人不断修改 Display 为功能更为强大的图像编辑程序，经过多次改名，后在一个展会上接受一个参展观众的建议，把程序改名为 Photoshop。这时的 Display/Photoshop 已经有 Level、色彩平衡、饱和度等功能。此外，John 还编写了一些程序，后来成为插件（Plug-in）的基础。

他们的第一个商业成功是把 Photoshop 交给一个扫描仪公司搭配销售，叫作 Barneyscan XP，版本是 0.87。同时，John 继续找其他买家，包括 SuperMac 和 Aldus 都没有合作成功。最终，他们找到了 Adobe 的艺术总监 Russell Brown。Russell Brown 此时已经在研究是否考虑另外一家公司 Letraset 的 ColorStudio 图像编辑程序。看过 Photoshop 后，他认为 Knoll 兄弟的 Phototshop 程序更有前途。1988 年 7 月，他们口头决定合作，而真正的法律合同到 1989 年 4 月才完成。

20 世纪 90 年代初，美国的印刷工业发生了较大的变化，印前（Pre-press）电脑化开始普及。Photoshop 2.0 增加的 CMYK 功能使得印刷厂开始把分色任务交给用户，一个新的行业桌上印刷（Desktop Publishing — DTP）由此产生。

截至 2015 年 2 月 19 日，是 AdobePhotoshop 发布 25 周年纪念。

据 2018 年 7 月 17 日报道，Adobe 计划在 2019 年推出 iPad 全功能版本 Photoshop。

本章将简单介绍 Photoshop CS6 的使用。

4.1　Photoshop 在网页中的应用

在信息化时代，越来越多的人借助互联网交流联络、办公学习，网页浏览已成了现代人们必不可少的日常需求。在网络市场竞争日益激烈的当下，网站制作者们更加注重网站的图标设计、内容质量、页面排版等，这些都直接影响用户对该网站的兴趣与网站的访问率，而 Photoshop 在网页制作中起着不可替代的重要作用。

4.1.1 网站 logo 图标制作

一个网页带给用户的第一印象取决于其 logo 图标的形象魅力。网站中的 logo 图标有如中国古代诗歌的诗眼，又如人的双目，是网页的凝聚点与核心。作为网站的形象标志，要想让用户在众多网站中一眼相中，必须具备新颖独特、简练明朗，且能够完美突显网站个性的设计特征，例如"腾讯印象"中"migae"的含义，"m"中间的两个门为两只企鹅手牵手，企鹅大小一致，折叠后一只企鹅可以印出另一只企鹅，表示"印象"；色泽的多彩表示多元化的特点，又通过"m"（main）表示出 QQ 是主要平台 A；"腾讯印象"四字使用"腾讯网"字体，引用母品牌元素，外框形状为文字泡泡，象征了沟通。又如人人网，其 logo 是两个抽象的变形人字组成，"人"字成圈形寓意每个人的人际圈，同时两个人字中间出现交集，寓意人人网是人与人之间相互沟通、分享的平台；分享真实，沟通快乐。诸如腾讯网、人人网、新浪网等众多优秀的 logo 设计，不仅仅是起到点缀界面的作用，更加深了用户对该网站的第一印象，无形中提高了网站的知名度。

运用 Photoshop 软件中的钢笔工具可以绘制出矢量图，再通过路径调板上的"填充路径"为路径填充颜色，同时可将图片保存为较小的 JPG 格式，使得文件过大的矢量图也能上传至网页。这种方法制作出来的 logo 图标具有任意放大、缩小且不失真的特点，使得企业标志不仅局限于网站应用，还可以放大到海报上，缩小至名片上。

4.1.2 网页背景图片的制作

网页背景图片既是网页美工制作的基础，也是网页制作过程中的基本元素之一。简单的制作方法是在网页制作设计好之后，使用切片工具划分，再用 Dreamweaver 制作表格，最后将图片逐一加入单元格，以背景或是图片显示。在制作网页背景图片时可以选择有规则平铺与不规则平铺两种方式。

有规则平铺：首先选定一个 PNG 图片，选择"编辑"菜单项→"自定义图案"存成自定义图案，然后选择"编辑"→"填充"将自定义图案填充。

不规则平铺：同样先选定一个 PNG 图片，选择"编辑"菜单项→"自定义画笔预设"存成自定义画笔，然后再在画笔窗口里调整分布。

在制作过程中需要注意的是，若想得到图案重叠的效果，散布数值要小，数量要稍大，且在"形态动态"里调节"角度抖动"，可达到不同方向的视觉效果。

4.1.3 网页中背景底纹的制作

在网页制作中选用一幅图像作为背景底纹时，可以运用 Photoshop 进行背景图片处理。先选定一张用于底纹的图像，通过滤镜将该图像向左上移动半幅幅面，且保持环绕，形成水平与垂直两条分割线后，使用图章工具将分割线两边的图像复制到分割线上即可。由此可以迅速快捷地生成上、下、左、右四个方向的无缝图。用 Photoshop 处理的这种无缝图，图像边界的彻底融合可以使底纹无明显的图像边缘或方块拼图状，上、下、左、右四部分边缘之间相互融合、平滑过渡。底纹处理完成后还可通过文字工具添加网站标题，将文件另存为 PSD 文件，保留各图层信息，可以在以后对图片进行再编辑。

4.2　抠图

4.2.1 简单背景图像快速抠图

1. 简单背景图像的特点

简单背景图像并不单纯指单一背景颜色的图像，而是以工具选择时人物和背景是否容易分离为依据，人物图像不能过于复杂，颜色不能过多，过于混乱的颜色不能称为简单背景图像。简单背景图像的优点是抠图时简单方便，如图 4-1 所示。缺点是对于散乱头发的图像则只能抠取部分图像，不能把头发的动态轨迹完整的移动，也不能抠取背景颜色复杂或添加特效的图像。

图 4-1　简单背景人物图像

2. 建立选区

我们在使用 Photoshop 软件进行抠图时，要对一些指定的对象和区域建立选区。对于一些规则的图形，如矩形、圆形等图形较容易建立选区；对于不规则的图形则需要运用多种方法。

（1）选框工具："选框工具"包括"矩形选框工具""椭圆选框工具""单行选框工具"以及"单列选框工具"，在图像中选择要制作选区的位置，按住鼠标左键向另一个方向进行拖动，如图 4-2 所示。

（2）套索工具："套索工具"包括"套索工具"（可以自由选择）和"多边形套索工具"（绘制多边形）。如果要对选区进行设置，可以选择上方的属性栏进行调整，如图 4-3 所示。

（3）魔棒工具："魔棒工具"是根据颜色和容差来创建选区。它通过寻找像素颜色值、容差来调整色彩范围的大小。简单来说就是使用它在图像上单击，颜色大致相同的被选中。我们也可以用"添加到选区"按钮连续选择选区，如图 4-4 所示。

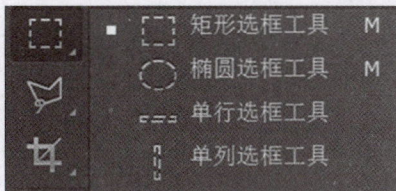

图 4-2　选框工具组

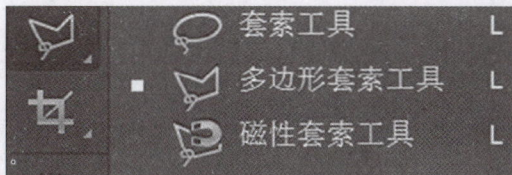

图 4-3　套索工具组

图 4-4　魔棒工具组

4.2.2 手工精细抠图

钢笔工具在 Photoshop 绘图软件中，是用来创造路径的工具，创造路径后，还可再编辑。钢笔工具属于矢量绘图工具，其优点是可以勾画平滑的曲线，在缩放或者变形之后仍能保持平滑效果。钢笔工具画出来的矢量图形称为路径。矢量的路径是不封闭的开放状路径，如果把起点与终点重合绘制就可以得到封闭的路径。在 Photoshop 软件中提供多种钢笔工具。常用的有标准钢笔工具和自由钢笔工具。其中，标准钢笔工具可用于绘制具有较高精度的图像；自由钢笔工具可用于像使用铅笔在纸上绘图一样来绘制路径；磁性钢笔选项可用于绘制与图像中已定义区域的边缘对齐的路径。在制作时，可以组合使用钢笔工具和形状工具以创建复杂的形状。

1. 创建曲线的一般方式

在曲线改变方向的位置添加一个锚点，然后拖动构成曲线形状的方向线。方向线的长度和斜度决定了曲线的形状。如果使用尽可能少的锚点拖动曲线，更容易编辑曲线并且系统能更加快速地显示和打印。使用过多锚点则会在曲线中造成不必要的凸起，通过调整方向线长度和角度绘制间隔宽的锚点与练习设计曲线形状。

2. 具体操作方法

将钢笔工具定位到曲线的起点，并按住鼠标按钮。此时会出现第一个锚点，同时钢笔工具指针变为一个箭头（在 Photoshop 中，只有在开始拖动后，指针才会发生改变），拖动以设置要创建的曲线段的斜度，然后松开鼠标按钮。一般而言，将方向线向计划绘制的下一个锚点延长约三分之一的距离。按住 "Shift" 键可将工具限制为 45° 的倍数，拖动曲线中的第一个点用下面字母来表示，A 图像代表定位钢笔工具；鼠标按钮按下时，B 图像代表开始拖动；C 图像代表拖动以延长方向线，如图 4-5 所示。

选择好开始点后，将钢笔工具定位到希望曲线段结束的位置，执行操作如图 4-6 所示图形。

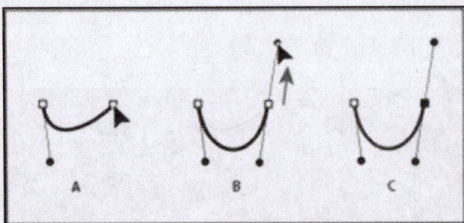

图4-5　钢笔工具起点

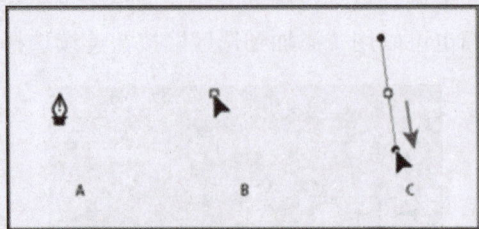

图4-6　钢笔工具结束点（1）

绘制曲线中的第二个点时，A代表开始拖动第二个平滑点，B代表向远离前一条方向线的方向拖动，C代表松开鼠标按钮后的结果，若要创建S形曲线，应按照与前一条线相同的方向拖动，然后松开鼠标按钮，如图4-7所示。

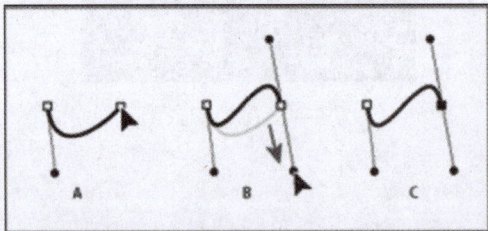

图4-7　钢笔工具结束点（2）

需要注意一个概念，即闭合路径。如果把曲线的起点和终点重合绘制就会得到闭合路径。把闭合路径变成选区的组合键是Ctrl+Enter，把选区取消的组合键是Ctrl+D，在电子商务网页图像中经常用到组合键，从而使绘制选区更合理有效。

4.2.3 复杂图像抠图

1. 快速选择工具

快速选择工具类似于笔刷，并且能够调整圆形笔尖大小绘制选区。在图像中单击并拖动鼠标即可绘制选区。这是一种基于色彩差别的用画笔智能查找主体边缘的新颖方法。快速选择工具的优点是完成选区之后，可以在之前的基础上继续编辑选区，而且可以删减选区。按住"Alt"键，当鼠标"加号"变成"减号"时，就可以把之前的选区擦除；按住"Ctrl"键，可以直接移动选区。

2. 通道

通道的概念是由遮板演变而来的，也可以说通道就是选区。在通道中，以白色代替透明表示要处理的部分（选择区域）；以黑色表示无须处理的部分（非选择区域）。在Photoshop软件中，在不同的图像模式下，通道是不同的。通道层中的像素颜色是由一组原色的亮度值组成的，实际上通道可以理解为选择区域的映射。运用蒙版和选区或滤镜功能可建立白色区域代表选择区域的部分，存储选区和载入选区时也会用到通道。利用通道可以看到精确的图像颜色信息，有利于调整图像色彩，不同的通道可以用256级灰度来表示不同的亮度。

　　单纯的通道操作是无法对图像本身产生任何效果的，必须结合其他工具，如蒙版工具、选区工具、绘图工具和滤镜特性等。

　　（1）利用选区工具。Photoshop 中的选区工具包括遮罩工具、套索工具、魔术棒、字体遮罩以及由路径转换选区等，利用这些工具在通道中进行编辑等同于对一个图像进行操作。

　　（2）利用绘图工具。绘图工具包括喷枪、画笔、铅笔、图章、橡皮擦、渐变、油漆桶、模糊锐化和涂抹、加深减淡和海绵等工具。利用绘图工具编辑通道的一个优势是可以精确地控制笔触，从而得到更为柔和以及足够复杂的边缘。需要注意的是渐变工具，这个工具容易被人忽视，但它相对于通道却是特别的有用。它是 Photoshop 中可以涂画多种颜色而包含平滑过渡的绘画工具，对于通道而言，它带来了平滑细腻的渐变。

　　（3）利用图像调整工具。调整工具包括色阶和曲线调整。选中需要调整的通道时，按住"Shift"键，再单击另一个通道，最后打开图像中的复合通道。这样你就可以强制这些工具同时作用于一个通道。对于编辑通道来说，这是相当有用的，但实际上却并不常用，因为可以建立调整图层而不必破坏最原始的信息。

　　（4）利用滤镜特性。在通道中进行滤镜操作，通常是在有不同灰度的情况下，而运用滤镜的原因，通常是我们刻意追求一种出乎意料的效果或者是为了控制边缘。原则上讲，我可以在通道中运用任何一个滤镜去试验，大部分人在运用滤镜操作通道时通常具有较为明确的期望，比如，锐化或者虚化边缘，从而建立更适合的选区。

4.2.4　综合抠图实例

【实例】

本实例利用通道提取光效素材，如图 4-8 所示。

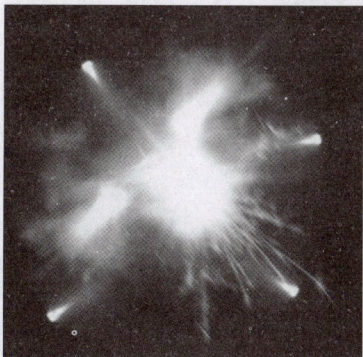

图 4-8　"光效 .jpg"素材图

【实例分析】

　　在网页上，一张突出主题的电影海报图片往往胜过千言万语，海报通过对人们产生的视觉冲击而激发人们对电影的兴趣，因此电子商务网页电影海报图像不仅要炫目，而且要瞬间引人注目。本实例将讲述"制作电影海报图像"的制作过程，突出强调不同方法抠图的综合对比。

　　在电子商务图像处理的时候，我们经常会用到一些光效、烟雾等素材，但是网络下载的素材大多带有背景，用一般的抠图方法背景残留比较严重。这类素材可以使用滤色等方法，但是滤色模式会造成画面变亮、色差等问题。解决的方法就是重建颜色通道，去掉里面黑色的部分。

【具体操作】

步骤 1：在 Photoshop 软件中打开"光效 .jpg"素材图（见图 4-8），打开通道面板，只显示"红"色通道，按住"Ctrl"键的同时单击"红"色通道缩略图，选择红色通道，如图 4-9 所示。

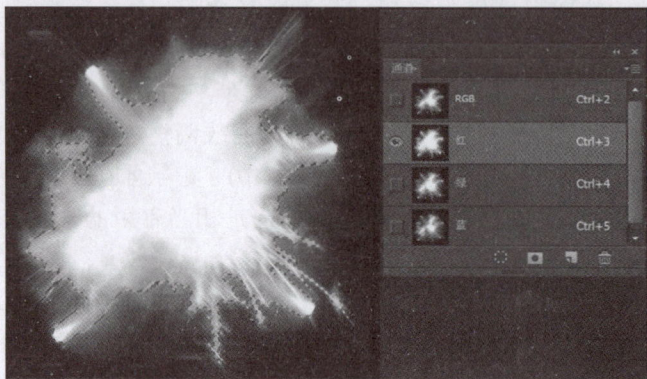

图 4-9　选择红色通道

步骤 2：回到图层选项卡，单击图层面板下方的"创建新的填充或调整图层"按钮，选择"纯色"选项，设置颜色为"#ff0000"，如图 4-10 所示。填充完毕后将新建的红色纯色图层隐藏，如图 4-11 所示。

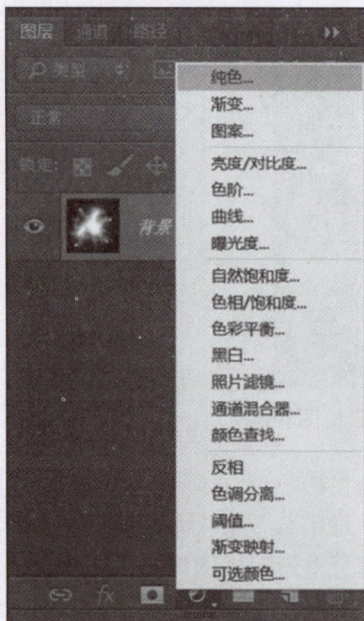

图 4-10　制作"纯色"填充层

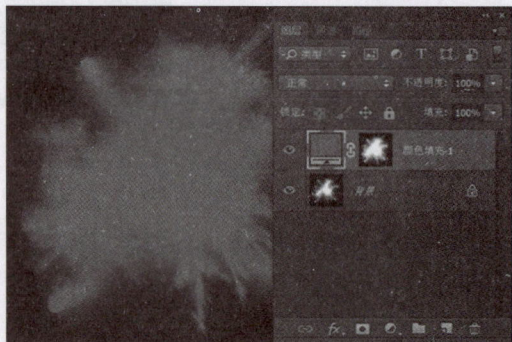

图 4-11　红色填充层效果

步骤 3：将"绿"色和"蓝"色通道按照上述方法建立相应的纯色层，如图 4-12 所示。

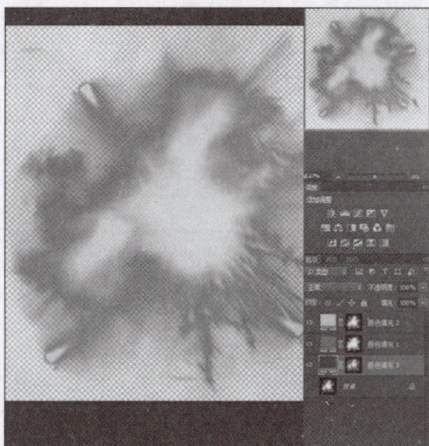

图 4-12　三色填充层效果

步骤 4：将这 3 层的图层模式改为滤色模式，然后合并，光效便能从黑色背景中分离出来，如图 4-13、图 4-14 所示。

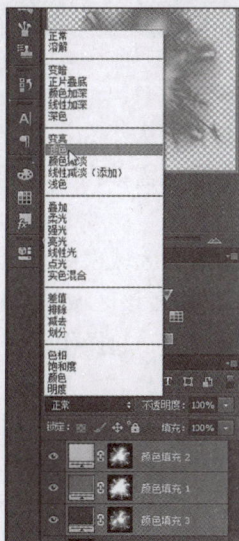

图 4-13　"滤色"模式

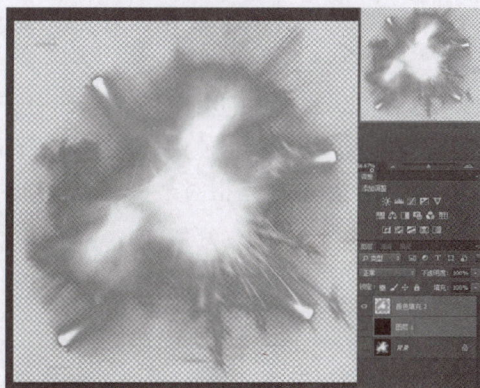

图 4-14　最终效果

4.3　修图

4.3.1 去除图像上的污点

污点修复画笔工具可以快速地去除较小区域的图像，例如，人物面部的黑痣、痘印等，也可以对图像中的文字、日期信息、杂色和污斑等进行去除，使画面恢复完整整洁。

污点修复画笔工具适用于修复区域较小的图像，在修复图像的时候，不需要对修复点进行取样，直接单击被修复区域即可，它可以自动完成对被修复区域颜色、纹理、质地等的分析，进行自动采用与修复。

污点修复画笔工具的工具属性：

（1）单击选中修复工具组中的污点修复画笔工具，如图4-15所示，工具快捷键为"J"。

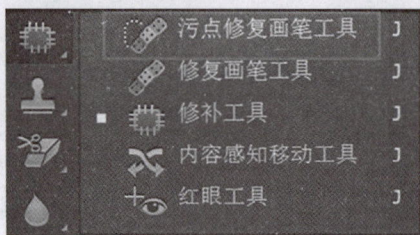

图4-15　污点修复画笔工具

（2）打开污点修复画笔工具属性栏，如图4-16所示。下面简单介绍各工具属性的含义。

图4-16　污点修复画笔工具属性栏

① 画笔：可以根据修复图像区域的大小，选择画笔笔刷的直径大小和形状。值得注意的是，画笔笔刷的直径大小最好略大于要修复的图像区域，这样只需单击一次即可完成整个区域的覆盖修复。

② 类型：选择"近似匹配"项表示将使用周围近似匹配的图像区域来修复源图像区域；选择"创建纹理"项表示将使用选区中的所有像素创建一个用于修复该区域的纹理。

③ 对所有图层取样是指对某一图层操作的时候，其他图层也被一起操作。

4.3.2 修补图像画面残缺

1. 修补工具的工具属性

修补工具的作用就是修复图像，简单地说就是可以使用图像的一部分区域修补另一个区域的图像。其工作方法是通过选区，自由选取需要修复的图像区域，进行拖动即可进行图像的修补替换，并对源图像区域与目标图像区域的颜色、纹理等进行自动匹配。

（1）选中修复工具组中的修补工具，如图4-17所示，工具快捷键为"J"。

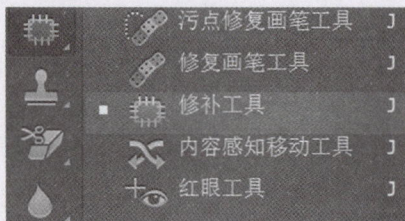

图4-17　修补工具

（2）打开对应的修补工具属性栏，如图4-18所示，各属性的意义如下：

图 4-18　修补工具属性栏

①左侧 4 个按钮依次为新选区、添加到选区、从选区减去、与选区交叉。

②修补工具有两种修补方式:"源"和"目标"。选中"源"修补方式修补图像,可将源图像拖动到目标图像上,且源图像被目标图像替代;选中"目标"修补方式修补图像,表示将此选区作为标准,去覆盖修补其他区域的图像。

③透明:勾选"透明"选项,再移动选区,选区中的图像会和下方图像产生透明叠加。

2. 修补工具的主要用途

修改图像中的明显残缺、裂痕和污点等,可以将图像中的多余部分进行清除,也可以对目标对象区域进行复制。

3. 修补工具的操作方法

单击修补工具,属性栏的选区状态为"新选区"。当修补方式为"源"的时候,选取需要修补图像区域到完好区域实现修补;当修补方式为"目标"的时候,选取足够盖住被修补区域的选区拖动到被修补区域,盖住污点实现修补。

4.3.3　修调图像画面内容

一幅好的图像除了对画面品质要求较高以外,对画面的内容要求也十分严苛。但实际上,我们在拍摄图像或者使用图像时,往往会因为一些主客观的因素使得画面上的一些内容不符合我们的使用需求,例如,不需要的人物局部或是其他一些多余像素以及需要修复的部分。这时,我们就需要把不符合要求的部分去除,对图像进行修复和美化,使之达到使用要求。

1. 图章工具

图章工具组包括"仿制图章工具"和"图案图章工具"。其中,仿制图章工具是一个非常好用的工具,也是一个很神奇的工具,它就像一个复印机,可以把一个区域上的图像按原样复制到另外一个图像区域上。通常用它来去除图像上的污点、杂点等,或是完成图像的合成。

仿制图章工具的工具属性:

(1)单击选中图章工具组中的仿制图章工具,如图 4-19 所示,其使用快捷键为"S"。

图 4-19　仿制图章工具

(2)打开仿制图章工具属性栏,如图 4-20 所示。下面简单介绍各工具属性的含义。

图 4-20　仿制图章工具属性栏

①画笔可以根据修复图像区域的大小，选择画笔笔刷的直径大小。

②模式为正常，不透明度为图像的虚实显示的程度。

③勾选对齐复选框时，无论进行多少次的操作，都会以最后一次复制移动的位置为起点开始复制，保持了画面的连续性。

2. 修复画笔工具

修复画笔工具既可以有效地去除如人物面部的皱纹和雀斑等缺陷，也可以帮助去除污点和划痕等瑕疵。

修复画笔工具与仿制图章工具几乎相同，都可以完成从一个区域图像到另一个图像区域的复制。只是处理上略有不同，仿制图章工具只是完成图像区域的复制，而修复画笔工具在图像复制的过程中还可以将取样像素的纹理、明暗、阴影、光照等与源图像素进行匹配，从而使修复后的像素区域更好地与图像其余部分进行融合，画面自然。

修复画笔工具的工具属性：

（1）单击选中污点修复画笔组中的修复画笔工具，如图 4-21 所示，工具快捷键为"J"。

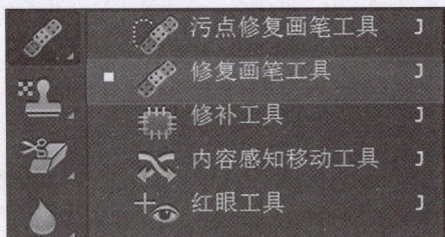

图 4-21　修复画笔工具

（2）打开修复画笔工具属性栏，如图 4-22 所示。下面简单介绍各工具属性的含义。

图 4-22 修复画笔工具属性栏

①画笔可以根据修复图像区域的大小，选择画笔笔刷的直径大小。

②模式为正常。

③源：选择取样点，按住"Alt"键单击取样，则将取样点图像区域覆盖需要修改的图像区域。在这个选项下，修复画笔工具与仿制图章工具的使用方法相同，不同之处在于，修复画笔工具修复的图像可以更好地自然融合；选择图案选项，则在后面的下拉列表框中选择一个图案对需要修复区域进行替换。

4.3.4 综合修图实例

【实例】

人物面部雀斑处理，效果图如图 4-23 所示。

【实例分析】

图像瑕疵有很多种，我们拍摄而来的图像存在的问题也往往不只一种，受主客观条件的制约和对图像表现内容的更高要求，修图势在必行。根据工具的不同属性来帮助我们达到这一目的。下面，我们使用修复画笔工具组以及仿制图章工具进行修图案例分析，深入了解每一个工具的具体作用。

【具体操作】

在修图操作时，注意针对不同修图问题在每个工具之间的切换。

步骤 1：在 Photoshop 软件中打开"雀斑.jpg"素材图，如图 4-24 所示。按要求去除人物脸颊、鼻翼及眼部周围的雀斑，使人物面部恢复清爽干净。

图 4-23　参考效果图　　　　　　　图 4-24　"雀斑.jpg"素材图

步骤 2：选择工具箱中的修复画笔工具，**快捷键为"J"**。在修复画笔工具属性栏中，打开"画笔"选择器，设置适当的画笔直径大小，模式为"正常"，源为"取样"，如图 4-25 所示。

图 4-25　画笔设置

步骤 3：设置好参数后，使用缩放工具先将雀斑区域进行放大（或按住"Alt"键，向上滑动鼠标滚轮），将光标移动到人物面部中较好的一块皮肤区域作为样本区域（用于替换雀斑的区域），按住"Alt"键在样本区域处单击鼠标左键进行取样，此时的鼠标形状为带圆圈的十字形；松开"Alt"键，将鼠标移向将要修复的图像区域上，单击鼠标左键，进行修复操作直至理想效果。

步骤 4：通过上述内容的学习，我们知道清除黑痣这样的小污点，可以选择使用修补工具，或选择修复画笔工具及污点修复画笔工具。我们需要选择一个既合适又更加方便的工具来使用。由于前两个工具都需要先取样再修复，而污点修复画笔工具只需在污点处单击即可，因此，此处我们选用污点修复画笔工具更加合适。

步骤 5：综合上述两种工具的使用，对额头处皱纹进行修复处理。

步骤 6：人物鼻翼两侧及眼角处的鱼尾纹在处理的时候要更加小心细致，所以，我们可以选择使用仿制图章工具来进行操作。

步骤 7：综合处理人物面部的各种皱纹瑕疵，调整整体画面，最终实现修复效果，如图 4-26 所示。

图 4-26　修复效果图

4.4　图像合成

4.4.1 图像拼合处理

图像合成简单地说就是通过图层操作、工具应用将两张或者两张以上的图片合成为一张完整的，可实现某种特殊效果的图片，如图 4-27、图 4-28 所示。

图 4-27　素材图

图 4-28　图像拼合示意图

Photoshop 软件的合成功能在图像处理中有着非常重要的作用。合成并不只是将多个图像进行简单拼凑，而是把一张图片中需要的部分选择出来后，使用移动工具将其移动到另一张图片上，通过位置、大小、色彩、混合模式等各方面的调整后，得到新的设计作品，从而达到化腐朽为神奇、锦上添花的效果。

1. Photoshop 软件中关于图像拼合的相关术语和工具

（1）图层的不透明度

在进行图像处理的过程中，有时候需要将几张图片合并在一起，这时我们可以利用设置图层的"不透明度"属性，来改变图层的透明度。当图层的"不透明度"数值设置为小于 100% 时，就可以隐约地看到下方的图层中的图像；当图层的"不透明度"数值设置为 100% 时，当前的图层就会完全遮盖住下方的图层。在进行图像处理的时候，通过改变图层的"不透明度"数值，可以改变图像的整体效果。

（2）图层蒙版

图层蒙版可以理解为在当前图层上面覆盖一层玻璃片，这种玻璃片有透明的、半透明的和完全不透明的。然后使用各种绘图工具在蒙版上（即玻璃片上）涂色（只能涂黑、白、灰色），涂黑色部分的蒙版变为完全不透明的，看不见当前图层的图像；涂白色位置的蒙版则使涂色部分变为透明的，可看到当前图层上的图像；涂灰色使蒙版变为半透明，透明的程度由涂色的灰度深浅决定。

（3）图层混合模式

在 Photoshop 软件中，混合模式是非常重要的，几乎每一种绘画和编辑调整工具都包含有混合模式选项。正确、灵活地运用混合模式，能够处理制作出丰富的图像效果。

（4）选区的灵活运用

无论用什么方式制作选区，操作时最好将图片放大，以便能清楚地查看细节，制作精细的选区。在使用魔棒工具时，注意"容差"不要太大，过大可能会选取一些不该选取的部分；如果选取了不该选取的部分，可以按住"Alt"键，用"工具面板"上的"索套"工具来取消这部分选择。

2. 图像拼合过程中应注意的相关匹配问题

（1）亮度匹配

具备同样质感的物体在同样的受光环境中呈现相同的漫反射状态。在 Photoshop 软件中可以使用曲线、色阶、亮度对比度等工具进行调整。

（2）光线匹配

由于受光的不同，前景和背景呈现不同的明暗和阴影。这些在后期处理中是很难修改的。我们无法改变物体的受光位置，只能旋转或扭曲物体模拟一致光线。由于物体的属性不同，受光还可以分为不透明、透明、透光而不透明（如葡萄、纸张等）。不透明的物体有漫反射和镜面反射的区分，透明物体有折射和焦散的特性，多个物体之间有环境色的影响，这些都是需要设计师去仔细观察的。

（3）造型匹配

造型匹配是指不同画面元素合成到一起，大小设计，位置摆放以及合成到画面中对其他元素的影响。

（4）画面质感匹配

画面质感匹配是指不同设备拍摄的素材具备不同的质感（如胶片独特的颗粒感），相同的设备在不同的受光环境和 ISO 情况下也具备不同的质感，完全相同的拍摄环境和摄影机参数也可能由于后期调整或压缩而产生不同的画面质感，即使是同一张图在亮部和暗部也具备不同的画面质感。

（5）色彩匹配

色彩的差异主要由受光环境的不同或不同的后期调整造成。在 Photoshop 软件中受光环境的差异可以通过调色工具中的曲线、色阶、色彩平衡、色相饱和度、照片滤镜甚至混合模式来实现，而后期调整造成的差异需要设计师有较强的观察能力和实现能力。

一般质感匹配原则是高质量匹配低质量。

4.4.2 图文合成制作

合成是指将在不同环境、不同条件下的多张图片、文字组合在一起，形成一张新的图片；同时，还可以将各个图片中的有用部分组合在一起。图文合成的方法并不复杂，但是在制作过程中要注意协调好合成图片的色调、光感、光照位置等，使得合成后的图片更加地自然、和谐。

文字的表达能力是图画永远无法代替的，而图画在大多时候也很难把明确的主题表现出来，所以在图中加入文字进行设计，并对文字的笔画做相应的调整，使之与图形完美的融合，这样能帮助人们理解插画与文章，这种设计方法更令人触动。作品中的文字成为"表现思想的工具"。文字加入图形中并不是对图形作品进行说明和解释，而是对作品的涵义进行诠释。

我们在进行图文合成时，要注意以下两点。

1. 整体画面的控制

（1）图片突出文字

当图片的存在是为了突出文字时，这时的图片只是作为一个大色块存在，但是当文字部分难以突出时，解决的办法就是运用文字与图片的结合。

（2）文字装饰图片

当用文字来装饰图片的时候，我们要确定图片为主体物，也就是说，文字部分的面积不能大于或者接近于主体物的面积；需要确定视觉焦点的位置，当图片的主体物是分散且毫无意义时，那么我们的视觉焦点默认在画面中心；当图片或者某一个场景或物品切割了整张画面时，视觉焦点只会出现在切割线上，默认是位于中心点或者色彩密集的地方。

2. 文字本身的处理

（1）尺寸与位置的对比

色彩不是增强图片与上置文本对比度的唯一方法。选择与图片聚焦元素有关的文本的尺寸和恰当的位置毋庸置疑，如同文本本身的可读性一般。

（2）深度的可读性

可利用深色背景的图片增强文本可读性的平滑背景。方法：将文本置于图片的散焦部分，并确保文本色彩与散焦位置的初色保持合适的对比度。

（3）色彩与亮度的对比

使用与文本有鲜明对比的图片极为重要，尤其是深色背景搭配亮色文本，或者深色背景使用滤镜或叠加元素处理，是确保使用足够对比度的有效方式。

（4）3D 意识

分析显示的文本相对于图像中的各种元素的聚焦程度。文本是在图像之后，还是图像之前？文本是融入其中，还是在远近空间有其独特的位置？如何将文本关联到图像的聚焦元素？通过进一步分析，经验法则：文本越小，在远近空间上显得越远。

（5）图片主题的选择

图像上的文本信息等效于图文组合里推断出来的内容。如果有更特别的、适合的图片就不要选择一般性的图片，特别是当它涉及传达语气信息的旨在时。

4.4.3 综合图像合成实例

【实例】

本实例制作电商产品海报合成，效果如图 4–29 所示。

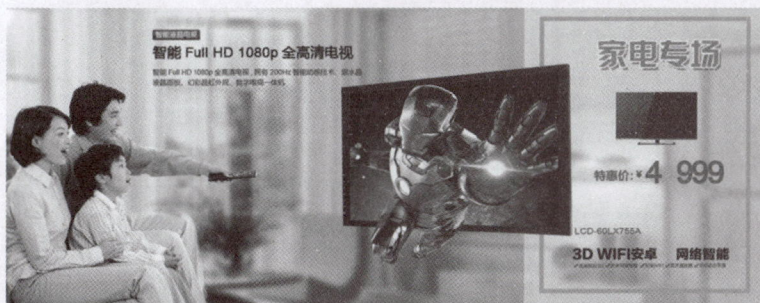

图 4-29　电商产品海报合成效果

【实例分析】

在进行图像合成时，如何能够让图片与图片之间更加融合？如何能够让图片与文字之前更加协调、美观？在之前的两节内容中，我们已经提到过，那么本节实例中，主要让大家将之前所学内容，综合运用起来，制作出更加协调、美观的图片。

【具体操作】

步骤 1：查看素材文件夹中本项目所用"人物 .jpg""环境 .jpg""电视 .jpg"和"钢铁侠 .jpg"素材图片，如图 4-30 ～图 4-33 所示。

图 4-30　"人物 .jpg"素材图

图 4-31　"环境 .jpg"素材图

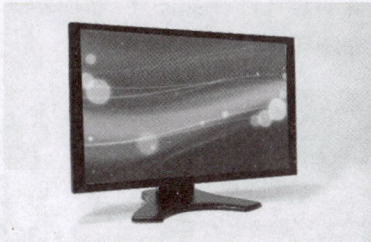

图 4-32　"电视 .jpg"素材图

图 4-33　"钢铁侠 .jpg"素材图

步骤 2：新建名称为"产品海报"的文档，设置宽度为"1920 像素"，高度为"800 像素"，分辨率为"72 像素 / 英寸"，颜色模式为"RGB"，如图 4-34 所示。

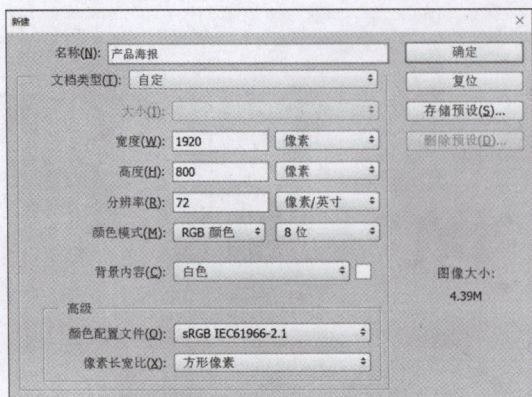

图 4-34　"新建"对话框

步骤 3：置入"环境 .jpg"素材图，调整位置、大小并铺满整个画面，执行"滤镜"菜单项→"模糊"选项→"高斯模糊"命令，制作朦胧效果的海报背景，如图 4-35、图 4-36 所示。

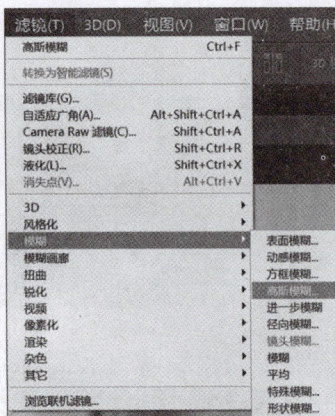

图 4-35　"高斯模糊"命令

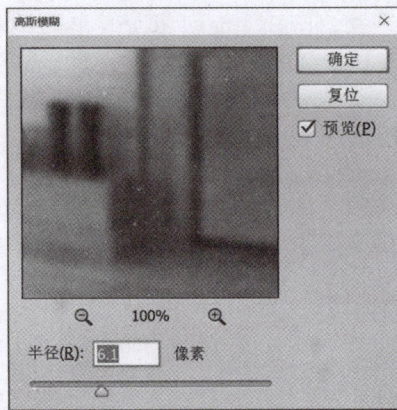

图 4-36　"高斯模糊"对话框

步骤 4：将"电视 .jpg"素材图翻转，对电视屏幕创建选区，如图 4-37 所示，然后直接将选区移动到海报图中，调整合适的位置和大小，如图 4-38 所示。

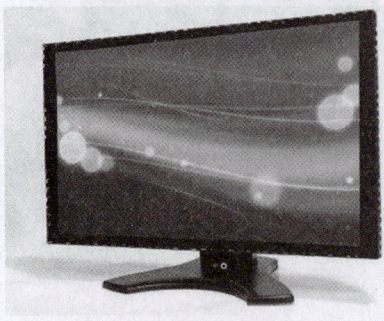

图 4-37　创建选区

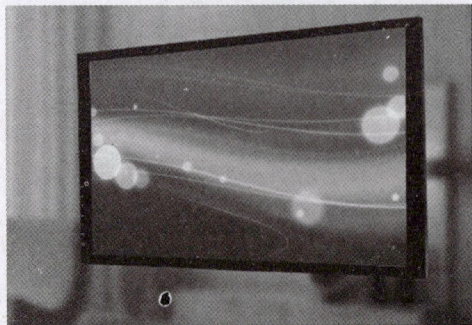

图 4-38　调整位置和大小

步骤 5：用"多边形套索"工具制作电视机内屏选区并复制选区，使内屏单独为图层，如图 4-39、图 4-40 所示。

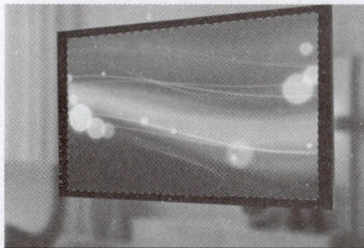

图 4-39　创建内屏选取图

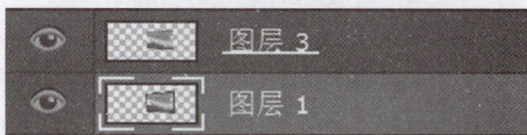

图 4-40　使内屏单独为图层

步骤 6：将"钢铁侠 .jpg"素材图翻转并移动到海报背景中，如图 4-41 所示，创建电视机内屏的剪贴蒙版，调整位置、大小直至合适，如图 4-42 所示。

图 4-41　置入"钢铁侠 .jpg"素材

图 4-42　创建剪贴蒙版

步骤 7：复制"钢铁侠 .jpg"图层置于原图层上，运用选区和图层蒙版制作钢铁侠跃出电视机的视觉效果（注意：两个图层必须保持一致），如图 4-43、图 4-44 所示。

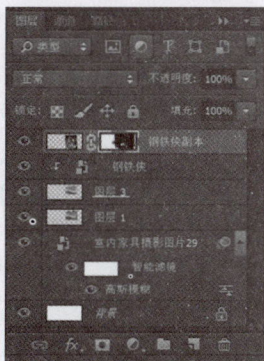

图 4-43　创建图层蒙版

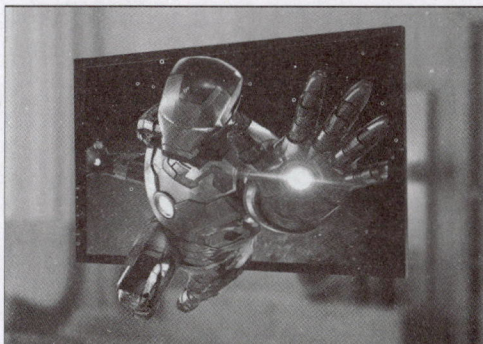

图 4-44　钢铁侠效果

步骤 8：电视部分合成后可将这部分图层做链接或创建图层组，方便移动位置和缩放；如果在缩放的过程中看到有多余的部分，可直接在该图层的图层蒙版上，用黑色画笔涂抹使其隐藏，如图 4-45、图 4-46 所示。

图 4-45　多余图像

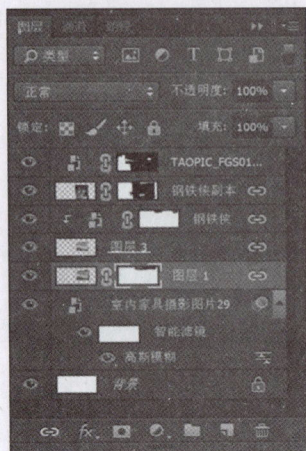

图 4-46　使用图层蒙版隐藏多余图像

步骤 9：将"人物 .jpg"移动到产品海报文件中，运用调整边缘和图层蒙版效果抠出人物，按"Ctrl+T"组合键进行缩放，调整合适的位置，如图 4-47 所示。

图 4-47 初步合成效果

步骤 10：选择工具箱中的"矩形工具"，在海报右侧绘制白色矩形图层，设置图层不透明度为"60%"，如图 4-48 所示；继续用矩形工具在白色图层上面绘制无填充色、浅灰色描边的矩形图层，效果如图 4-49 所示。在绘制图形时记得勾选"形状"选项，这样绘制的图形方便修改，如图 4-50 所示，即得到如图 4-51 所示效果。

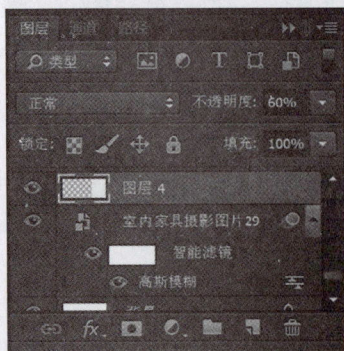

图 4-48 绘制矩形图层

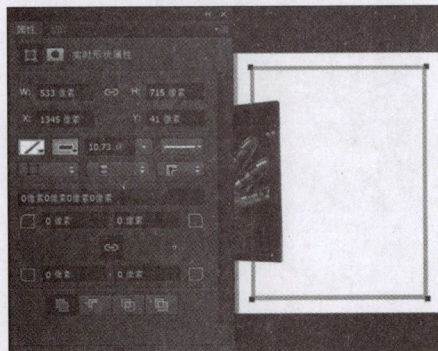

图 4-49 绘制灰色矩形框

图 4-50 勾选 "形状"

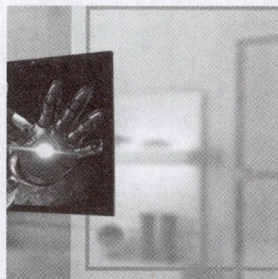

图 4-51 矩形区域效果

步骤 11 : 制作文字标题。选择合适的字体（本案例采用 "迷你简综艺体"），设置大小为 73 点左右，字间距为 180，字体颜色为 "#a4906e"，如图 4-52、图 4-53 所示。用文字工具输入 "家电专场"，给字体添加图层样式，设置描边为 "3" 像素，投影角度为 "126°"，距离为 "10 像素"，不透明度为 "35%"，如图 4-54、图 4-55 所示。

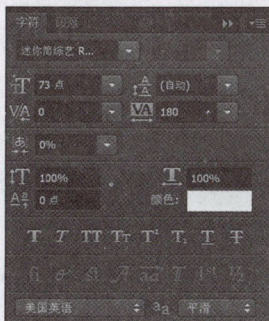

图 4-52 字符面板

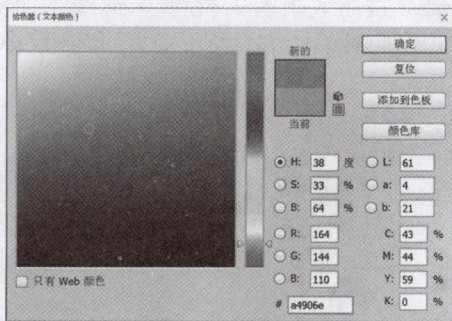

图 4-53 字体颜色

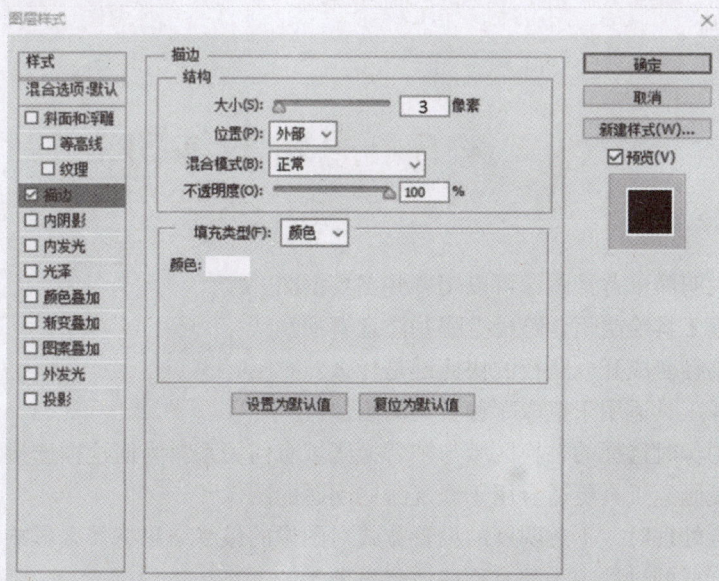

图 4-54 "描边" 图层样式

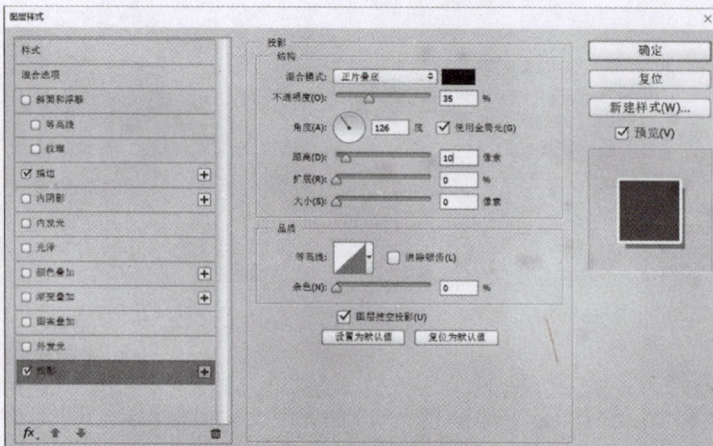

图 4-55　"投影"图层样式

步骤 12：按照效果图 4-56 所示继续添加文字，参数设置可根据实际情况灵活调整，尽量保持文字排版版式与效果图一致。完成后保存即可。

图 4-56　最终效果图

4.5　思考与练习

1. 请举例说明简单背景图像可以用哪些工具抠图？

2. 使用钢笔工具绘制闭合路径有哪些注意事项？

3. 把闭合路径变成开放路径的快捷键是什么？

4. 快速选择工具适用于抠取哪种类型的图像？

5. 为修补图像时选择的替换区域与被替换区域有何关系？为何这样选择？

6. 污点修复画笔工具更适合应用于修复哪些问题的图像？

7. 图像拼合处理时，不透明度的设置方式对图像的最终结果有什么影响？

8. 在图文合成的过程中，都有哪些注意事项？

第 5 章

用 Flash 制作动画

　　网页动画在当前的网页制作过程中应用越来越频繁，尤其是在各种多媒体网站的制作过程中，Flash 网页动画已经成为一个新的视点。Flash 文件的基本构成元素是矢量图，这种图形的特点是相对于位图来说的，其占用的存储空间和内存都较小，因此，Flash 文件占用空间也相对较小，它能够方便快捷的连接到互联网上。在网页制作中，就 Flash 动画的发展前景而言，无论是在什么类型的网站中，Flash 动画都有着广阔的应用空间和应用范围。

◎学习目标

1. 了解 Flash 在网页中的应用。
2. 掌握 Flash 制作逐帧的方法。
3. 掌握 Flash 制作补间动画的方法。

》【课程导入】

Adobe Flash Professional CS6 软件是用于创建动画和多媒体内容的强大的创作平台。设计效果令人身临其境，而且在台式计算机和平板、智能手机和电视等多种设备中都能呈现一致效果的互动体验。本章将介绍 Flash CS6 的使用。

5.1 Flash 在网页中的应用

在网络设计中，Flash 技术已有广阔的拓展天地。这表明网页设计者须具备 Flash 动画的技术，才能适应当前的发展需要。Flash 技术从简单的文字呈现到多媒体的 Flash 网站的形成，标志着 Flash 技术已经与网站设计完全融合。

5.1.1 Flash 在网页设计中的应用方式

1. 突出主题

在静态网页中，主要是用文字和图片的方式来突出网站的重要信息，而运用了 Flash 之后，就会更加吸引人的注意力，不但是色彩和动态上的呈现给人一种撼动人心的作用，给人焕然一新的感觉，而且运用在主题上面，易给人留下深刻的印象。

2. 动态交互

Flash 重组功能结合脚本语言和流程的调控，这三者的结合，让用户运用鼠标键盘进行画面切换，从而完成动画交相呼应的功能。

3. 数据库支持

Flash 具有把数据库连接起来的功能，这就更加丰富了网站的内容和动态呈现。Flash 与 HTML 等内容相结合，能够制作出前台为 Flash，后台是数据库和 Asp 技术的数据连接平台。

Flash 和 Asp 结合之后，将网页所表现出的效果提升了一个高度，二者与数据库相结合，不但对数据的支持力度上升，而且完善的交互界面也由此诞生在网页运用中。

5.1.2 网站建设中如何应用 Flash 技术

网页设计者从网站中的建立目的和用户需求等各方面为出发点，对 Flash 技术进行在网站中的配比。

在信息查询网站中，即使以 Flash 为引导界面，如果 Flash 效果过多，就会造成主次不分的不良效果。而在娱乐版面中，Flash 的篇幅应该加大，这些网站要以互相交流为主，以增加用户观看的兴趣。

1. 部分应用

在网页设计中，Flash 展示的应是突出主题的内容，这部分内容不应过多，要做到点石成金的效果，这样不但突出主题，还可以调动用户浏览的兴趣。

2. 全网应用

在广告、传媒、游戏等设计类网站，为了能够凸显网站的个性化，而把 Flash 效果运用到整个网站，用单一的 Flash 来表现其活跃和动态性。

纯 Flash 网站，从简单的文字、图片等设计，到复杂的音频、视频、广告、游戏以及网站的注册页面、登陆页面和导航栏链接等，全部是用 Flash 装扮的，这就使网站的个性化、灵动性凸显出来，给人带来视觉上的冲击和享受。

5.1.3 Flash 技术在旅游中的应用

Flash 技术在旅游中的应用主要是针对一个群体，例如，Google 地图提供的自主性旅游导航功能。

在网络上各种旅游信息的传播，为一部分不想受到约束的旅游者提供了便利，就是通过 Google 地图的自主导航功能，把旅游者想要去的地方，进行吃、住、行、玩的一个整合，从而为旅游者提供了便利。而旅游者也可以在游玩的时候，在地图上进行评论，从而为他人提供旅游帮助。

5.2　制作逐帧动画

在 Flash 中，帧主要分为关键帧（包括空白关键帧）和普通帧，对帧的操作主要在"时间轴"上完成。

逐帧动画，又称为帧帧动画，每一帧都由制作者确定，而不是由 FIash 通过计算机得到。连续依次播放逐帧动画，即可生成动画效果。逐帧动画原理是在时间轴的每一帧上逐帧绘制不同的内容，使其连续播放而成动画。逐帧动画是 Flash 中最基本的动画形式，适用于制作非常复杂精细的动画，如人物的面部表情、动物的奔跑等。但由于每一帧都是关键帧，所以工作量大，生成的文件也很大。

此外，有少量帧的逐帧动画还可以用"影片剪辑"元件来做重复效果，如小球上下弹跳、翅膀震动等就是应用对象在舞台上的位置差的关键帧来实现的。

逐帧动画的创建方式如下：

（1）用导入的静态图片建立逐帧动画。用 JPG、PNG 等格式的静态图片连续导入 Flash 中，就会建立一段逐帧动画。

（2）绘制矢量逐帧动画。用鼠标或压感笔在场景中一帧一帧的画出帧内容。

（3）文字逐帧动画。用文字作帧中的元件，实现文字跳跃、旋转等特效。

（4）导入序列图像。可以导入 GIF 序列图像、SWF 动画文件或者利用第三方软件（如 Swish、Swift 3D 等）产生的动画序列。

【实例】

使用外部图像制作逐帧动画，效果如图 5-1 所示。

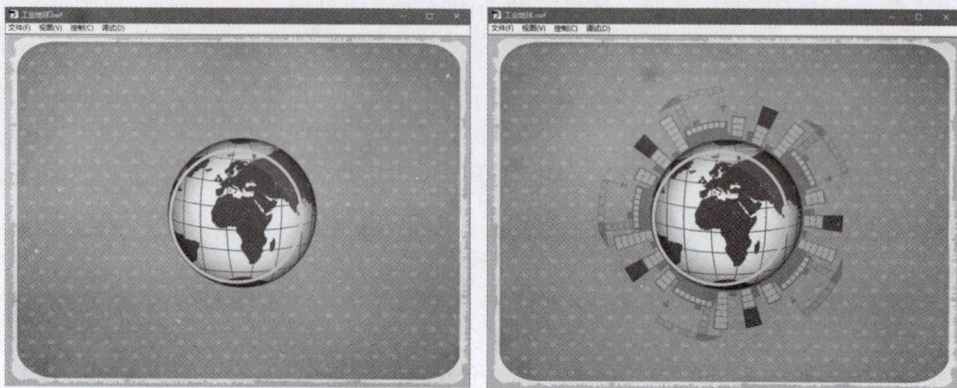

图 5-1　工业地球效果

【实例分析】

将 JPG、PNG 等格式的静态图片连续地导入 Flash 中，就会建立一段逐帧动画。导入外部图像生成动画是制作逐帧动画最简单的方法。本实例就是利用导入外部图像的方法制作逐帧动画的。

【具体操作】

步骤 1：打开"工业地球 .fla"文档，选择"文件"→"导入"→"导入到库"命令。在打开的"导入到库"对话框中选择"地球"文件夹中的所有图像，单击"确定"按钮。

步骤 2：选择第 12 帧，按 F6 键插入关键帧。新建"图层 2"，选择第 1 帧。从"库"面板中将"工业地球 1"图像移到舞台中间。

步骤 3：按 Ctrl+K 键，打开"对齐"面板。选择舞台中的图像，在"对齐"面板中单击 按钮和 按钮，使图像居中对齐。

步骤 4：选择第 1 帧，按 F6 键插入关键帧。再按 F7 键插入空白关键帧，如图 5-2 所示。

步骤 5：使用制作第 1、2 帧的方法，将"工业地球 2"~"工业地球 6"的图像移到舞台中间，如图 5-3 所示。

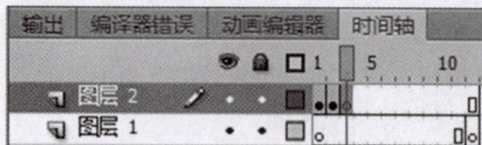

图 5-2　插入空白关键帧

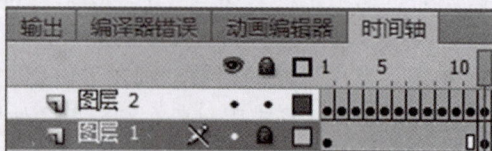

图 5-3　编辑其他帧

步骤 6：按 Ctrl+Enter 键测试动画。

5.3　制作补间动画

　　补间动画，又称为过渡动画，是 Flash 提供的一种最有效的动画形式。无论是创建角色动画或是动作动画，甚至是最基本的按钮效果，补间动画都是必不可少的。制作者可以建立两个关键帧，一个作为开始点，另一个作为结束点，并且只对这些点绘制图片或关键对象，然后用补间来产生两个关键帧之间的过渡图像。补间可以使对象沿直线或曲线运动，变换大小、形状和颜色，以中心为圆点自转，产生淡入或淡出效果等。

　　Flash 可以产生两类补间：传统补间和形状补间。这两类补间的应用场合与表现形式各不相同。

5.3.1　传统补间动画

　　传统补间动画既可应用于把对象从一个位置移动到另一个位置的情况，也可应用于形成对象的缩放、倾斜或者旋转的动画，还可应用于形成元件的颜色和透明度变化的动画。传统补间动画对于元件和可编辑的文字形成动画很有用，但是它不能用于基本形状变化的动画。传统补间动画用位于时间轴上动画的开始帧与结束帧之间区域的一个蓝色连续箭头表示。

　　制作传统补间动画最主要的是两个关键帧中的实例必须是同一元件的实例，然后在实例属性面板中为实例设置两个不同的属性，让 Flash 逐渐调整这两个属性，逐步完成从前一个属性到后一个属性的转化。运动补间动画的作用对象是元件实例、群组对象和文字对象，而图形对象不能制作运动补间动画。

　　传统补间动画创建方式如下：

　　（1）鼠标右键单击两个关键帧之间的任意一帧，在快捷菜单中选择"创建补间动画"命令。

　　（2）选择两个关键帧之间的任意一帧，在"属性"面板中的"补间"下拉列表框中选择"动画"选项。

　　制作传统补间动画的条件：

　　（1）至少存在两个关键帧。

　　（2）在关键帧中包含必要的元件实例、群组对象、文本对象。

　　（3）创建传统补间动画操作。

　　【实例】

　　利用"传统补间"制作"滑雪"动画，效果如图 5-4 所示。

图 5-4 测试动画效果

【实例分析】

在本实例的制作过程中，讲解了"传统补间"的使用方法，通过滑雪动画的制作，让读者掌握"传统动画"的使用方法。

【具体操作】

步骤 1：执行"文件→新建"命令，新建一个大小为 400 像素 ×300 像素，帧频为 12fps，"背景颜色"为白色的 Flash 文档。

步骤 2：执行"文件→""导入"→ "导入到舞台"命令，将图像导入到场景中，如图 5-5 所示。在第 60 帧位置单击，按 F5 键插入帧。

提示

导入图形到场景中，然后转换为元件，在时间轴上按 F5 键的主要目的是为了延长动画的时间。

步骤 3：新建"图层 2"，使用上述相同的方法导入雪人图像，选中图像后按 F8 键，将图像转换成一个"名称"为"雪人"的"图形"元件，如图 5-6 所示。

图 5-5 导入图像

图 5-6 "转换为元件"对话框

步骤 4：按住 Shift 键，使用"任意变形工具"将元件等比例缩小，如图 5-7 所示。在第 30 帧位置插入关键帧，将元件向右移动，并调整大小，场景效果如图 5-8 所示。

图 5-7　图形效果

图 5-8　场景效果

提示

　　在调整元件的属性时，元件中心点的位置决定变形的效果，可以通过"选择工具"直接对元件中心进行调整。

　　步骤 5：在第 31 帧位置插入空白关键帧，从"库"中将"雪人"元件拖入场景中，执行"修改"→"变形"→"水平翻转"命令，并将元件等比例缩小，效果如图 5-9 所示。在第 45 帧位置插入关键帧，将元件向左移动，并等比例调整元件大小，如图 5-10 所示。

图 5-9　调整元件

图 5-10　元件效果

　　步骤 6：在第 60 帧位置插入关键帧，将元件水平向左移至画布外并等比例调整大小，如图 5-11 所示。选择第 1 帧位置，单击鼠标右键，选择"创建传统补间"命令，如图 5-12 所示。

图 5-11　移动元件

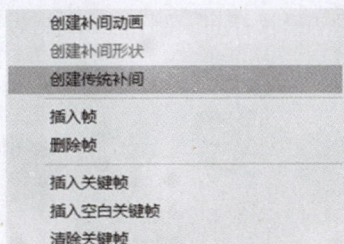

图 5-12　创建"传统补间"动画

　　步骤 7：使用相同的方法，分别在第 31 帧和第 45 帧位置上创建"传统补间"。"时间轴"

面板如图 5-13 所示。

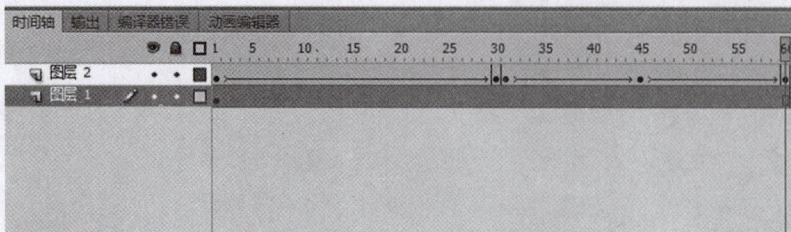

图 5-13　"时间轴"面板

> **提示**
>
> 　　创建补间时，还可以在帧或关键帧上单击鼠标右键，在弹出的菜单中选择需要创建的补间类型。

　　步骤 8：完成滑雪动画的制作，执行"文件"→"保存"命令，保存动画按下 Ctrl+Enter 键测试动画。

5.3.2 形状补间动画

　　形状补间动画可以实现两个图形之间颜色、形状、大小和位置的相互变化。创建形状补间动画使用的元素是绘制的形状或被打散的图形、文字等。形状补间动画创建完成后，"时间轴"面板中形状补间动画所在的帧的背景颜色变为绿色，在起始帧和结束帧之间有一个长长的箭头。

　　制作形状补间动画只须绘制好图形的起始形态和最终形态，然后创建形状补间动画，Flash 应用程序会自动完成中间的变化过程。形状补间动画的作用对象是图形对象。在使用形状补间动画时，一定要保证关键帧中没有实例、群组对象及文字对象，否则会导致形状补间动画无效。

　　形状补间动画的创建方式：选择两个关键帧之间的任意一帧，在"属性"面板中的"补间"下拉列表框中选择"形状"选项。

【实例】

　　利用"形状补间"制作"生日快乐"动画。效果如图 5-14 所示

图 5-14　"生日快乐"动画

【实例分析】

本实例通过使用"形状补间"制作"生日快乐"动画。播放后，出现 4 个小蛋糕，接着 4 个小蛋糕变成"生日快乐"4 个字，稍作停顿后又变成 4 个小蛋糕。

【具体操作】

步骤 1：选择"文件"菜单项→"新建"选项，选择"ActionScript 3.0"选项，新建一个 Flash 文档，命名为"生日快乐"。

步骤 2：新建"蛋糕"图形元件，绘制小蛋糕。单击矩形工具按钮，在"属性"面板中设置矩形边角半径为 15，画出一个圆角矩形作为小蛋糕的身体部分。使用钢笔工具画出小蛋糕的头发部分，用椭圆工具画出小蛋糕的橙子装饰品，用颜料桶工具着色，完成"蛋糕"元件的绘制。

步骤 3：新建 4 个图层，分别命名为"生""日""快"和"乐"。分别在第 20 帧位置拖入"蛋糕"元件，按组合键 Ctrl+B 将其打散，调整到适当的位置，可以高低起伏不规则排列。

步骤 4：选择"生"图层，在第 40 帧位置插入关键帧，单击工具箱中的文本工具按钮，设置字体为"迷你简萝卜"，字体大小为"76"，字体颜色为"紫色"。使用"文本工具"输入"生"字，将其摆放在原来小蛋糕的位置。选择文字，按组合键 Ctrl+B 将其打散，选择"修改"→"形状"→"将线条转换为填充菜单"命令。单击墨水瓶工具按钮，设置笔触颜色为黑色，笔触粗细为 1，为文字添加轮廓色，效果（见图 5-14）。

步骤 5：在其他 3 个图层，使用相同的方法绘制出"日""快"和"乐"文字效果。

步骤 6：在做好的 4 个图层中，均在第 60 帧位置转换为关键帧。同时选中 4 个图层的第 20 帧，单击鼠标右键，在快捷菜单中选择"复制帧"命令，在第 80 帧位置，单击鼠标右键，在弹出的快捷菜单中选择"粘贴帧"命令，将 4 个图层的第 20 帧中的小蛋糕复制到第 80 帧。

步骤 7：同时选中 4 个图层中第 20 ～ 40 帧中的任意帧，单击鼠标右键，在弹出的快捷菜单中选择"创建补间形状"菜单选项，为小蛋糕和文字之间创建形状补间动画。用同样的方法在第 60 ～ 80 帧之间创建形状补间动画，时间轴面板如图 5-15 所示。

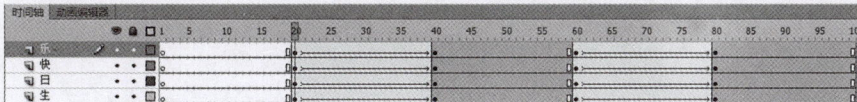

图 5-15　"生日快乐"时间轴

步骤 8：测试影片后，保存影片并导出。

5.4　思考与练习

1. 逐帧动画的制作原理是什么？

2. 逐帧动画的创建方式有哪些?

3. 什么是传统补间动画?

4. 什么是形状补间动画?

5. 请结合本章学习内容,运用"补间""传统补间""形状补间"制作实例动画。

第 6 章

超链接

　　超链接是 Web 页面区别其他媒体的重要特征之一，用户只要单击网页中的超链接即可自动跳转到超链接的目标对象，且超链接的数量不受限制。超链接的载体可以是文本，也可以是图片。文本超链接是指分配了目标 URL 的字或短语；图片超链接是指为整个图片分配默认超链接，也可以为图片分配一个或多个热点，即在图片中划分多个区域分配超链接。超链接在本质上属于某个网页的一部分，它是一种允许网页同其他网页或站点之间进行连接的元素。各个网页连接在一起后，才能真正构成一个网站。

◎学习目标

1. 了解超链接的定义。
2. 掌握创建超链接的方法。
3. 掌握管理超链接的方法。

>> 【课程导入】

在网络世界，超链接无处不在，通过超链接可以将互联网上的各种相关信息有机地联系起来，便于用户从一个网页跳转到另一个网页，查询所需要的信息。

本章通过多个实例，从超链接的基本概念、创建和管理三个方面，介绍超链接在网页中的相关应用。

6.1　超链接概述

6.1.1 超链接的定义及分类

超链接是超级链接的简称。超链接是在网页之间建立联系的基本途径。通常，网页上会有很多超链接，指向各种相关的内容。超链接是网络的灵魂，正是有了超链接，才使得网络资源如此浩瀚。

超链接是一种对象，它以特殊编码的文本或图形的形式来实现链接，如果单击该链接，则相当于指示浏览器移至同一网页内的某个位置，或打开一个新的网页，或打开某一个新的 www 网站中的网页。

1．超链接定义

超链接是指从一个网页指向一个目标的连接关系，这个目标可以是另一个网页，也可以是同一个网页的不同位置，还可以是一个邮箱地址、一个文件等。

2．超链接分类

根据超链接目标文件的不同，可分为页面超链接、锚点超链接、电子邮件超链接等；根据超链接单击对象的不同，可分为文本超链接、图像超链接、图像映射超链接等链接形式。

6.1.2 超链接的路径

在 Dreamweaver CS6 中提供了多种创建超链接的方法，网页中的超链接按照链接的路径不同可以分为文档相对路径、绝对路径和站点根目录相对路径。

1. 文档相对路径

文档相对路径适合作为网站的内部链接。只要在同一网站之内，即使在不同的目录下，相对路径也非常合适，一个站点的内部结构如图 6–1 所示。

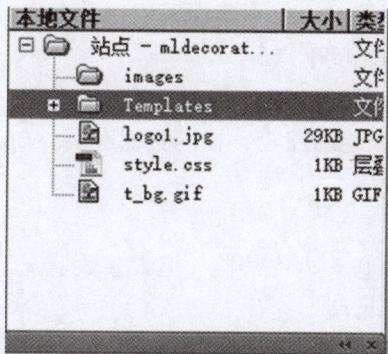

图 6-1　文档相对路径

如果链接到同一目录下，只需要输入链接文档的名称即可，如图 6-2 所示。

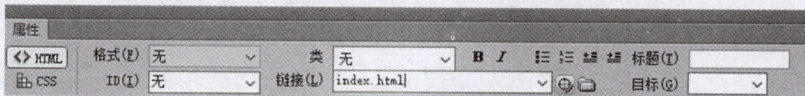

图 6-2　链接到同一目录下

如果链接到下一级目录中的文件，需要先输入目录名，然后加"／"符号再输入文件名即可，如图 6-3 所示。

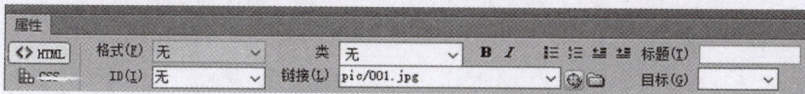

图 6-3　链接到下一级目录中的文件

如果需要链接上一级目录中的文件，则需要先输入".．／"，然后输入目录名、文件名即可，如图 6-4 所示。

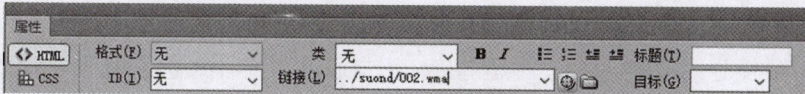

图 6-4　链接到上一级目录中的文件

2. 绝对路径

绝对路径为文件提供完全的路径，包括使用的协议，如 http、ftp 和 rtsp 等。一般常见的绝对路径如 http://baidu.com 或者 ftp://202.118.224.241．如图 6-5 所示。

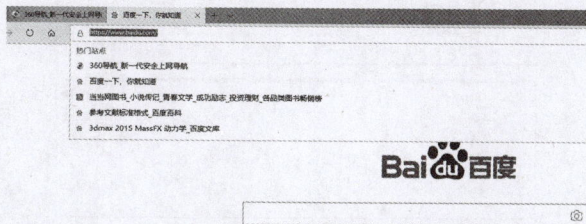

图 6-5　绝对路径

本地链接也可以使用绝对路径，但不建议采用这种方式，因为一旦将整个站点移至其他服务器，则所有本地链接都会断开。

绝对路径也会出现在尚未保存的网页上，如果在没有保存的网页上插入图像或者添加链接，Dreamweaver 会暂时使用绝对路径，在网页保存后，Dreamweaver 会自动将绝对路径转换为相对路径。

3. 站点根目录相对路径

站点根目录相对路径可以作为内部链接，但大多数情况下不推荐使用，通常使用站点根目录相对路径有以下两种情况。

（1）站点的规模非常大，放置在几个服务器上。

（2）一个服务器上同时放置多个站点。

站点根目录相对路径以"＼"开始，然后是根目录下的目录名，如图 6-6 所示。

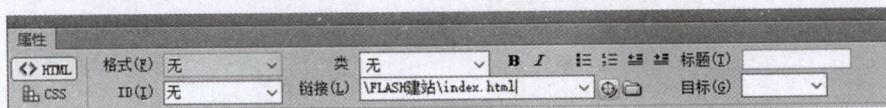

图 6-6   站点根目录相对路径

6.2   创建超级链接

创建超链接的方法有两种：一种是通过"属性"面板设置参数直接创建超链接，另一种是通过编写 HTML 代码创建超链接，其语法格式为：<a href=" 链接目标位置 "> 超链接名称 < ＼ a>。下面介绍几种常见的超链接。

6.2.1 创建文本超链接

文本链接是网页中最常见的一种超链接，用户通过浏览器浏览网页时，将鼠标指针放置在文本链接上，鼠标指针会变成手形。单击文本链接，页面就会发生跳转。下面将讲解文本超链接的具体创建方法。

步骤 1：打开 index.html 素材文件，在设计视图中选择需要添加超链接的文本内容，如图 6-7 所示。

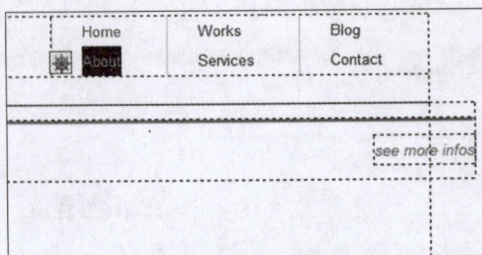

图 6-7   选择目标文件

步骤 2：在"属性"面板中单击"浏览文件"按钮，如图 6-8 所示。

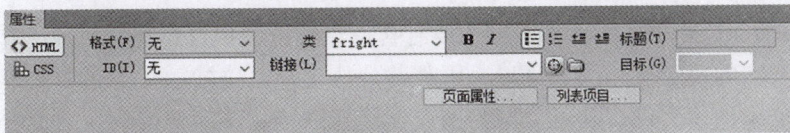

图 6-8　单击"浏览文件"按钮

步骤 3：打开"选择文件"对话框，选择要超链接的目标网页，单击"确定"按钮，如图 6-9 所示。

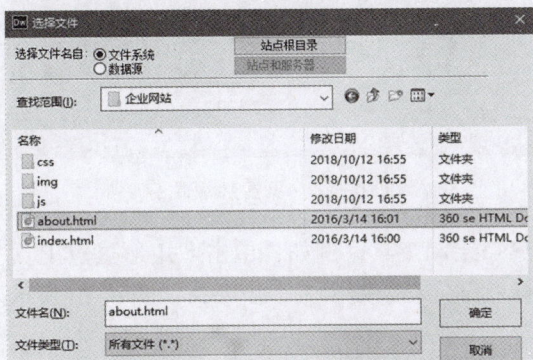

图 6-9　选择链接目标网页

步骤 4：在返回的设计视图中，可在"属性"面板的"链接"下拉列表框中查看添加的链接位置，如图 6-10 所示。

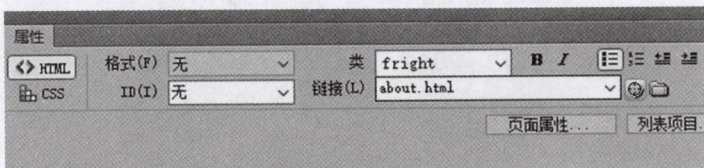

图 6-10　完成超链接的添加

步骤 5：保存网页文件，按 F12 键启动浏览器并打开页面，单击页面上方的 About 文本超链接，即可跳转到 about.html 页面中，如图 6-11 所示。

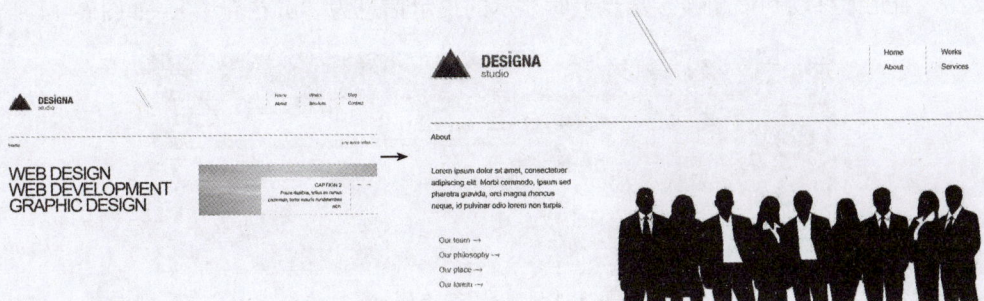

图 6-11　通过文本超链接打开网页

6.2.2 创建图像超链接

Dreamweaver CS6 中的图像超链接主要有普通超链接和热点超链接两种，其中图像的普通超链接和文本的超链接相同，这里不再赘述。热点超链接就是在一张图像中可以使用添加热点的方法添加多个点，并可分别为该点创建超链接。下面将讲解在网页文档中创建热点超链接的具体操作方法。

步骤 1：打开 index.html 素材文件，在网页文档中选择需要添加热点的图片，在"属性"面板中即可看到有 4 个热点工具，如图 6-12 所示。

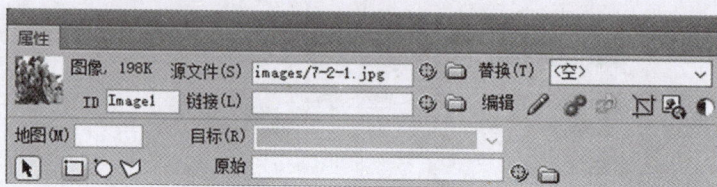

图 6-12　查看热点工具

步骤 2：选择一个热点绘制工具，例如，单击"矩形热点工具"按钮，将光标移到文档中的图像上，按住鼠标左键拖动绘制出一个矩形，如图 6-13 所示。

图 6-13　绘制热点

步骤 3：在"属性"面板的"链接"文本框中输入需链接网页的 URL 地址为"fiowers.html"，在"目标"下拉列表框中设置打开目标对象的方式为 self，在"替换"下拉列表框中设置。当光标移动到该超链接热点上时显示的提示信息为"鲜花介绍"，如图 6-14 所示。

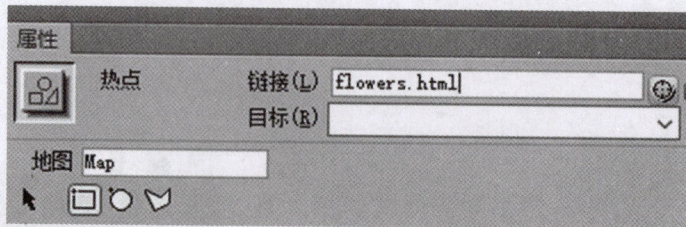

图 6-14　设置热点属性

步骤 4：返回界面，保存网页即可。

6.2.3 创建电子邮件超链接

电子邮件超链接主要是为了方便用户发送邮件。创建方法：选择需要创建电子邮件链接的文本，选择"插入"→"电子邮件链接"命令，或在"常用"工具栏中单击电子邮件链接按钮，打开"电子邮件链接"对话框。在"文本"文本框中将自动显示选中的文本，在"电子邮件"文本框中输入要链接的邮箱地址，然后单击"确定"按钮即可，如图 6-15 所示。

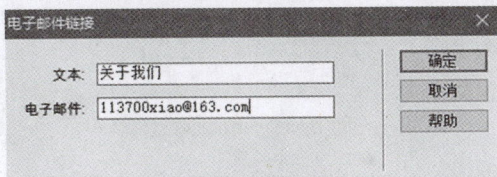

图 6-15　创建电子邮件链接

6.2.4 创建热点超链接

在网页中，不但可以单击某个图像链接到文档，还可以单击图像中的某个部分就链接到不同文档，这就是图像热点链接。在单个图像中，也可以设置多个不同的链接。下面将讲解热超链接的具体创建步骤。

步骤 1：打开 index.html 素材文件，在设计视图中选择需要创建热点超链接的图像，如图 6-16 所示。

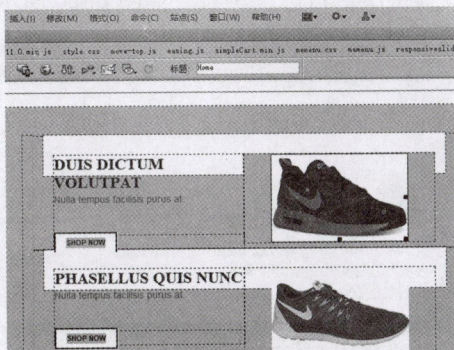

图 6-16　选择目标图像

步骤 2：在"属性"面板中直接单击"多边形热点工具"按钮启用热点工具，如图 6-17 所示。

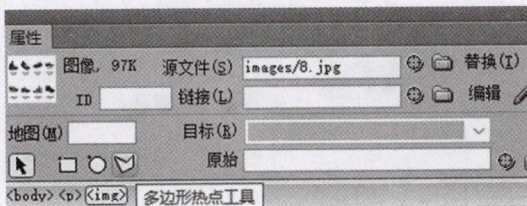

图 6-17　启用热点工具

步骤 3：在图片的指定位置单击添加一个热点，用相同的方法继续在图片指定区域绘制热点，完成图像热点区的绘制，如图 6-18 所示。

图 6-18　绘制热区

步骤 4：在"属性"面板的"链接"文本框中设置单击该热点区需要链接的位置，如输入 single.html，如图 6-19 所示。

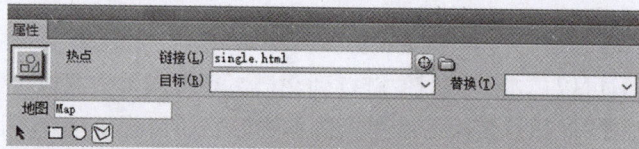

图 6-19　设置图像热区的链接位置

步骤 5：保存网页，按 F12 键启动浏览器，在打开的页面中将鼠标指针移动到热点区上，此时鼠标指针变为手形，单击执行链接跳转，如图 6-20 所示

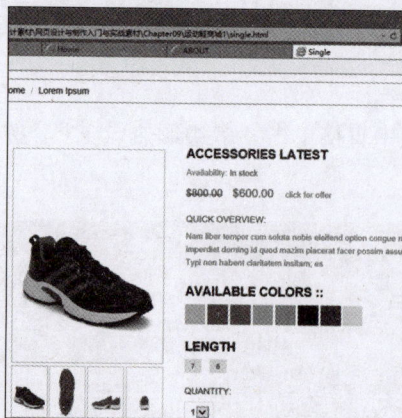

图 6-20　预览效果

6.3 管理超级链接

成功创建超链接之后，制作者可以对超链接进行管理和设置。下面将详细介绍管理与设置超级链接的相关知识。

6.3.1 自动更新超链接

在 Dreamweaver CS6 中，用户可以对编辑中的网页进行自动更新链接设置的操作。启动 Dreamweaver CS6 程序，单击"编辑"菜单，在弹出的下拉菜单中选择"首选参数"菜单项，弹出"首选参数"对话框，选择"常规"列表项，单击"移动文件时更新链接"下拉按钮，在弹出的下拉列表中，选择不同的选项即可进行设置，如图 6-21 所示。

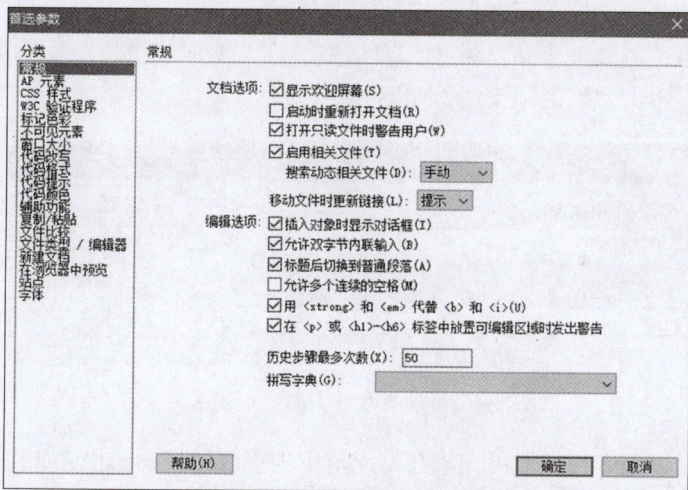

图 6-21 选择"首选参数"进入不同设置

在"移动文件时更新链接"下拉列表框中，包括"总是""从不""提示"等选项。

"总是"选项：每当移动或重命名选定文档时，将自动更新其指向该文档的所有链接。

"从不"选项：在用户移动或重命名选定文档时，不自动更新其指向该文档的所有链接。

"提示"选项：显示一个对话框，列出此更改影响到的所有文件。

单击"更新"按钮可更新这些文件中的链接，而单击"不更新"按钮将保留原文件不变。

6.3.2 在站点内更改超链接

除每次移动或重命名文件时让 Dreamweaver CS6 软件系统自动更新链接外，用户还可以手动更改链接。下面详细介绍在站点范围内手动更改链接的操作方法。

步骤 1：打开素材文件，单击"站点"菜单，在弹出的下拉菜单中，选择"改变站点范围的链接"菜单，如图 6-22 所示。

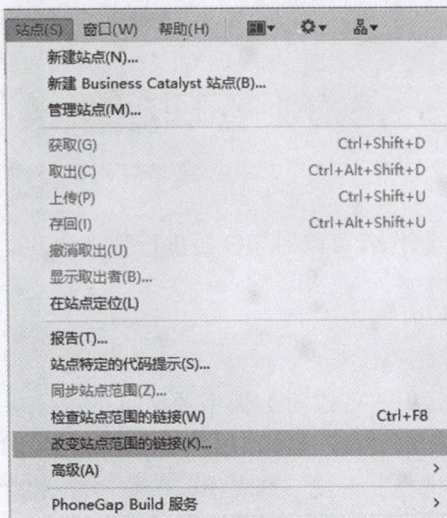

图 6-22   选择"改变站点范围的链接"菜单

步骤 2：弹出"更改整个站点链接"对话框，在"变成新链接"文本框中，输入准备更新的链接文件，单击"确定"按钮，如图 6-23 所示。

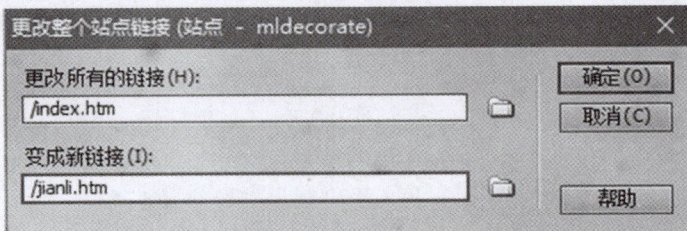

图 6-23   输入准备更新的链接文件

步骤 3：通过以上方法，即可完成在站点范围内更改链接的操作，如图 6-24 所示。

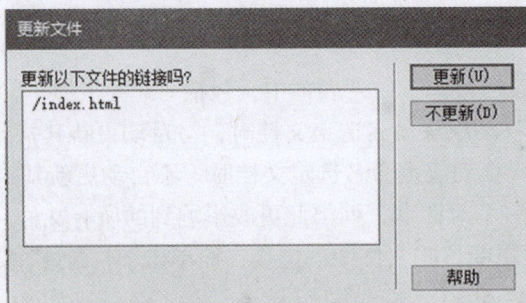

图 6-24   在站点范围内更改链接效果

6.3.3 检查站点中的链接错误

通常，一个网站有很多超链接，在发布网页前需要对其进行测试，但如果对每个超链接都进行手工测试，将会浪费很多时间，Dreamweaver CS6 软件中的"站点管理器"窗口提供了对整个站点的链接进行快速检查的功能，利用它可以查找超链接的相关错误，从而进行纠正和处理。

步骤 1：在 Dreamweaver CS6 软件中打开需要检查的网页。

步骤 2：选择"站点"→"检查站点范围的链接"命令，打开"链接检查器"面板，如图 6-25 所示操作，选择检查内容。

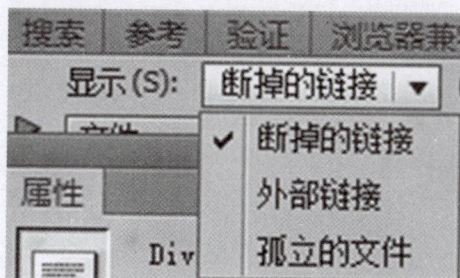

图 6-25　检查连接错误

6.4　思考与练习

1. 什么是超链接？

2. 超链接的路径是什么？

3. 如何创建文本超链接？

4. 如何创建邮件超链接？

5. Dreamweaver CS6 软件系统如何自动更新超链接？

第 7 章

CSS 样式基础

在网页 HTML 中大量使用 DIV、SPAN、TABLE 等标签布局，要实现漂亮的布局（CSS 宽度、CSS 高度、CSS 背景、CSS 字体大小等样式）我们就需要通过 CSS 样式实现。同样的一组 DIV 标签，对应 CSS 样式代码不同，所得到效果也不同。如果我们把 HTML 比作网页的骨架，那么 CSS 就是网页的衣服。相同 HTML 骨架结构，不同 CSS 样式，所得到的美化布局效果各有不同。

◎ 学习目标

1. 了解 CSS 的基础知识。
2. 掌握 CSS 样式的创建与属性设置。
3. 掌握管理 CSS 样式的方法。
4. 了解 CSS 中常用的样式。

》【课程导入】

成功制作一个美丽、大方、简洁的网页和高访问量的网站，是网页设计者的追求。然而，通过 HTLM 是非常难以实现的，HTML 仅是定义了网页结构，对于文本样式并没有过多涉及。这就需要一种技术能对网页布局、字体、颜色、背景和其他图文效果的实现提供更加精确的控制。

本章将介绍使用 CSS 样式美化网页的方法。

7.1　CSS 概述

7.1.1 认识 CSS 层叠样式表

CSS（Cascading Style Sheets）称为层叠样式表，是一种用来表现 HTML 或 XML（标准通用标记语言的一个子集）等文件样式的计算机语言。CSS 不仅可以静态地修饰网页，还可以配合各种脚本语言动态地对网页各元素进行格式化。

CSS 能够对网页中元素位置的排版进行像素级精确控制，支持几乎所有的字体字号样式，拥有对网页对象和模型样式编辑的能力。

7.1.2 CSS 的类型

1. CSS 选择器样式

CSS 选择器对应 ID 属性的特定标签应用样式。一般网页中某些特定的网页元素使用 CSS 选择器样式，通常用来设置链接文字的样式。对链接文字的控制，主要有以下 4 种类型：

（1）"a:link"（链接的初始状态），用于定义链接的常规状态。

（2）"a: hover"（鼠标指向的状态），如果定义了这种状态，当鼠标指针移到链接上时，即按该定义显示，用于增强链接的视觉效果。

（3）"a:visited"（访问过的链接），对已经访问过的链接，按此定义显示。为了能正确区分已经访问过的链接，"a:visited"显示方式与普通文本及链接的其他状态不同。

（4）"a: active"（在链接上按下鼠标时的状态），用于表现鼠标按下时的链接状态，实际中应用较少，如果没有特别的需要，可以定义成与"a: link"状态或者"a: hover"

状态相同。

2. 重定义 HTML 标签样式

重定义标签的 CSS 实际上重新定义了现有 HTML 标签的默认属性，具有"全局性"。一旦对某个标签重定义样式，页面中所有该标签都会按 CSS 的定义显示。

3. 自定义样式

自定义样式是指先定义一个样式，然后将此样式应用到不同的网页元素中。自定义样式最大的特点就是具有可选择性，可以自由决定将该样式应用于哪些元素。就文本操作而言，可以选择一个字、一行字、一段字乃至整个页面中的文本，添加自定义的样式。

7.1.3　CSS 的基本语法

CSS 代码的基本语法由选择器、属性以及属性值构成，基本写法如下：

选择符 { 属性 1: 属性值 1; 属性 2: 属性值 2 ; ……}

例如，对一段文本内容需要添加属性居中和蓝色字体，其写法如下：

```
p {text-align: center; color: blue}
```

CSS 代码看起来非常繁复，为了提高可读性，可以将代码改写如下：

```
P{
text-align: center;
color: blue
}
```

7.1.4　将 CSS 应用到网页

在创建 CSS 样式之后，即可将 CSS 样式应用的网页中。

1. 内部样式表

内部样式表一般存在于 head 标签中，即 HTML 文件的头部，并且以 <style> 开头，以 </style> 结尾，代码如下：

```
<! DOCTYPE html PUBLIC "-//W3C//DTD XHTML 1.0 Transitional//
EN""http: //www.w3.org/TR/xhtmll/DTD/xhtmll-transitional. dtd">
<html xmlns="#">
<head>
<meto http-equiv="Content-Type" content="text/html;
charset=utf-8" 1>
<title>在 head 中写法 </title>
<style type="text/css">
<!--
#box{width:200px;
height:200px;
background-color::#3C9;
text-align : center;
}
```

```
.fontljcolor:#000;
}
-->
</style>
</head>
```

2. 外部样式表

外部样式表是在网页代码之外的文件，需要将其链接至网页文件，才可以应用到网页中。成功创建文件以后即可应用外部样式表，应用的代码如下：

```
<link href="style/cssv" rel+"stylesheet" type="text/css" / >
```

3. 内联样式表

内联样式表通常在代码 body 部分中使用，在 body 标签中主要是引用如下代码：

```
<font color+"#fff000"style="font—size:22px"> 文本 < / font>
```

上面的写法直观明了，但无法显现层叠样式的优势，故不推荐使用。

7.2　CSS 样式的创建与属性设置

CSS 有多种样式，下面介绍几种常见样式的创建及其属性设置。

7.2.1 建立标签样式

标签样式是 CSS 样式中比较常见的一种样式，通常在设计网页的时候，会建立一个 body 标签样式，以控制页面的整体效果，下面详细介绍建立标签样式的操作方法。

步骤 1：打开素材文件，在"CSS 样式"面板中，单击"新建 CSS 规则"按钮，如图 7-1 所示。

图 7-1　单击"新建 CSS 规则"按钮

步骤 2：弹出"新建 CSS 规则"对话框，在"选择器类型"下拉列表框中，选择"标签（重新定 HTML 元素）"列表项，在"选择器名称"下拉列表框中，选择 strong 列表项，在"规则定义"下拉列表框中，选择"仅限该文档"列表项，单击"确定"按钮，如图 7-2 所示。

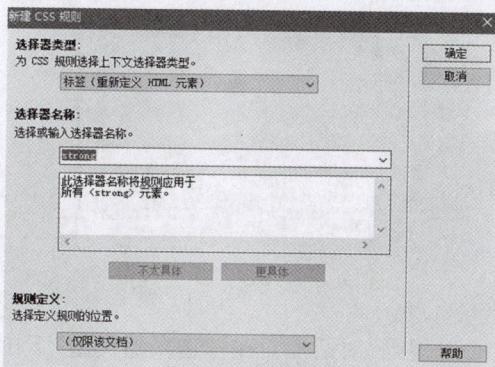

图 7-2　新建 CSS 规则

步骤 3：弹出"strong 的 CSS 规则定义"对话框，在"分类"列表框中，选择各个选项，对选择的各个选项进行设置，单击"确定"按钮，如图 7-3 所示。

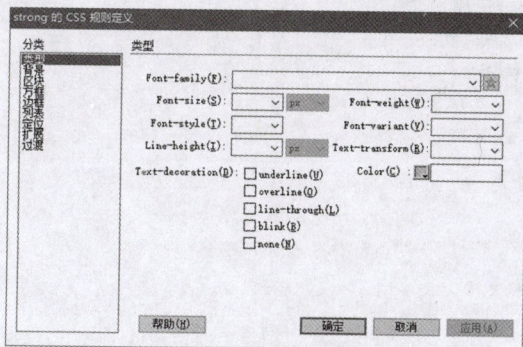

图 7-3　strong 的 CSS 规则定义

步骤 4：可以看到，通过设置标签样式，文本的样式已经发生改变，通过上述方法，即可完成建立标签样式的操作，如图 7-4 所示。

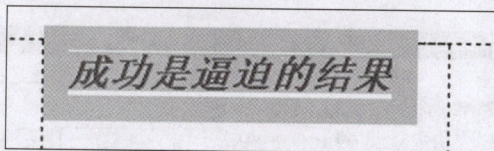

图 7-4　标签样式效果

7.2.2　建立类样式

类样式可以对网页中的元素进行更精确的控制，使网页内容在外观上统一。下面详细介绍建立类样式的操作方法。

步骤 1：打开素材文件，在"CSS 样式"面板中，单击"新建 CSS 规则"按钮，如图 7-5 所示。

图 7-5　CSS 样式对话框

步骤 2：弹出"新建 CSS 规则"对话框，在"选择器类型"下拉列表框中，选择"类（可应用于任何 HTML 元素）"列表项，在"选择器名称"文本框中输入".bg"，在"规则定义"下拉列表框中，选择"仅限该文档"列表项，单击"确定"按钮，如图 7-6 所示。

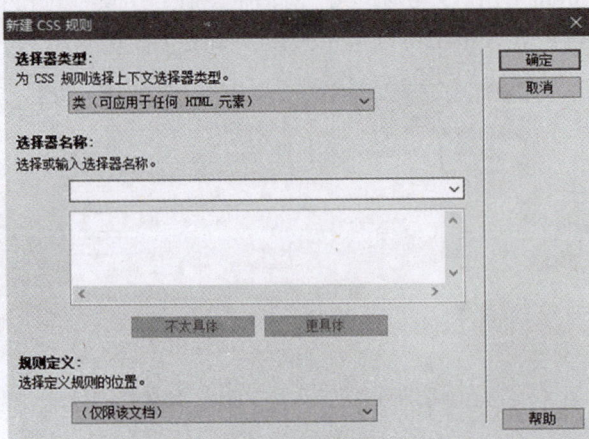

图 7-6　新建 CSS 规则

步骤 3：弹出".bg 的 CSS 规则定义"对话框，在"分类"列表框中，选择各个选项，对选择的各个选项进行设置，单击"确定"按钮，如图 7-7 所示。

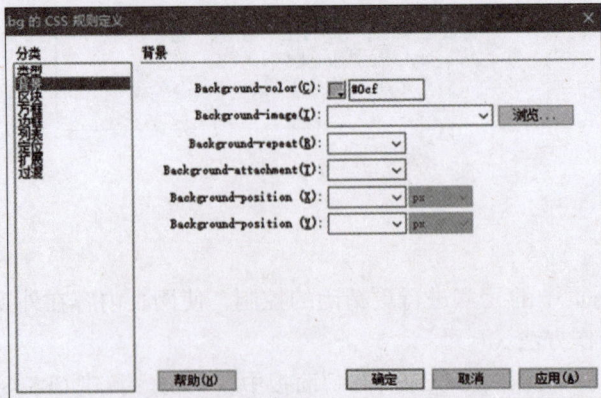

图 7-7　.bg 的规则定义

步骤 4：返回软件主界面，选中准备设置 CSS 样式的文本，如图 7-8 所示。

· 成功是逼道的结果

他从小在贫民窟长大。一次，他在看篮球赛直播时，被迈克尔乔尔丹精彩的投篮动作吸引，他梦想有一天也能成为那样的篮球明星。后来，他加入了学校的篮球队。起初，

图 7-8　选择准备设置 CSS 样式的文本

步骤 5：在"属性"面板中，单击"CSS"按钮，在"目标规则"下拉列表中，选择刚刚设置的 bg 列表项，如图 7-9 所示。

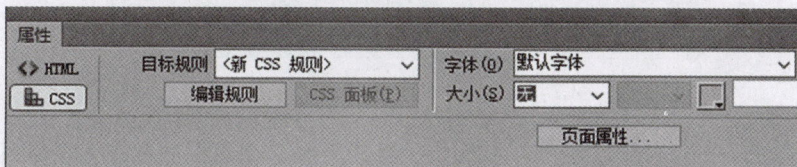

图 7-9　选择 bg. 列表项

步骤 6：通过上述方法，即可完成建立类样式的操作，如图 7-10 所示。

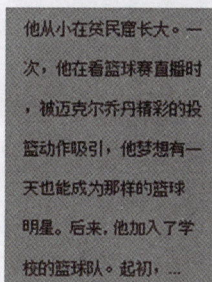

他从小在贫民窟长大。一次，他在看篮球赛直播时，被迈克尔乔尔丹精彩的投篮动作吸引，他梦想有一天也能成为那样的篮球明星。后来，他加入了学校的篮球队。起初，…

图 7-10　类样式效果

7.2.3　建立 ID 样式

如果不清楚需要创建 CSS 样式选择器对象的 ID，可以直接在页面中选择 ID 对象，再通过"CSS 样式"面板创建选择器，下面详细介绍建立 ID 样式的操作方法。

步骤 1：打开 index.html 素材文件，在菜单栏中单击"窗口"菜单项，在弹出的下拉菜单中选择"CSS 样式"命令，如图 7-11 所示。

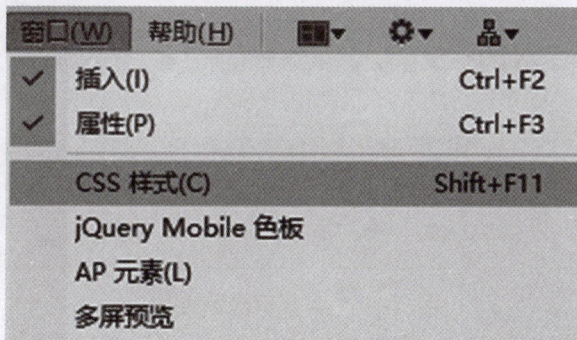

窗口(W)	帮助(H)			
✓	插入(I)			Ctrl+F2
✓	属性(P)			Ctrl+F3
	CSS 样式(C)			Shift+F11
	jQuery Mobile 色板			
	AP 元素(L)			
	多屏预览			

图 7-11　选择"窗口"→"CSS 样式"命令

步骤2：在页面中选择需要设置样式的对象，这里选择ID编号为menu的层，如图7-12所示。

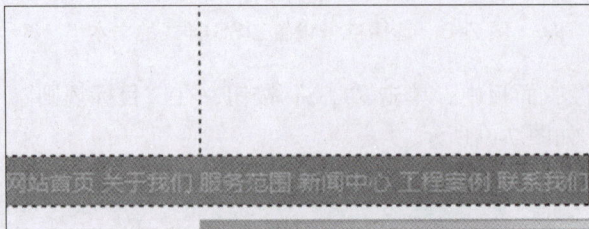

图 7-12　选择需要设置样式的对象

步骤3：在"CSS 样式"面板中选择 CSS 样式文件，在面板底部单击"新建 CSS 规则"按钮，如图 7-13 所示。

图 7-13　单击"新建 CSS 规则"按钮

步骤4：打开"新建 CSS 规则"对话框，单击"选择器类型"栏下的下拉按钮，在弹出的下拉列表中选择"ID（仅应用一个 HTML 元素）"选项，如图 7-14 所示。

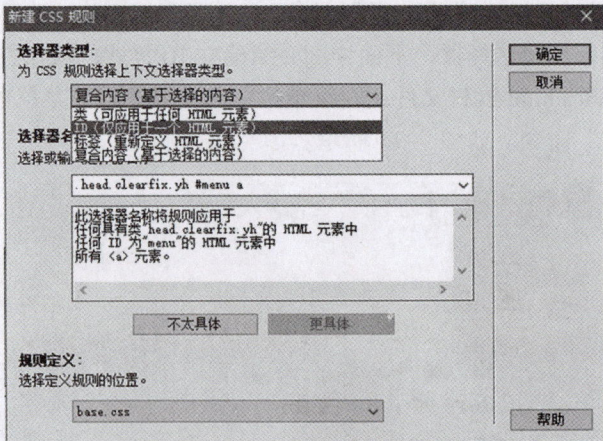

图 7-14　选择选择器类型

步骤5：在"选择器名称"栏下的下拉列表框中输入 menu，单击"确定"按钮，如图 7-15 所示。

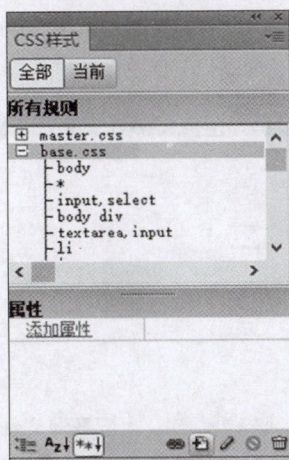

图 7-15　为选择器命名

　　步骤 6：打开 .menu 的 CSS 规则定义对话框，在"类型"选项卡中设置 Font-size 为
"14"，设置 Line-height 为"30"，单击"应用"按钮，如图 7-16 所示。

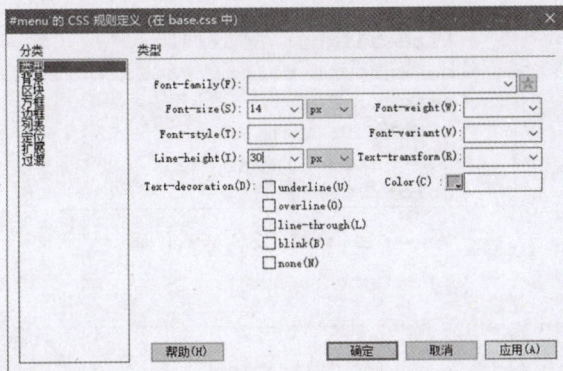

图 7-16　设置字体大小

　　步骤 7：单击"背景"选项卡，设置 Background-color 为"#39F"，单击"应用"按钮，
如图 7-17 所示。

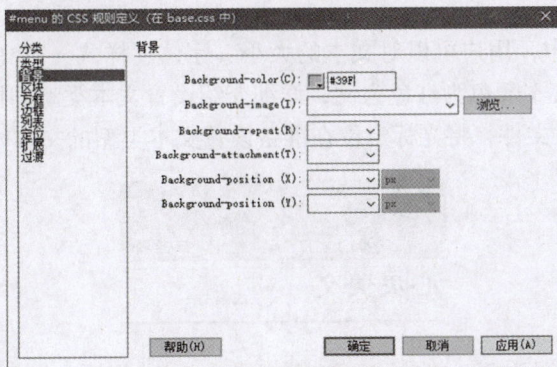

图 7-17　设置 DIV 的背景颜色

步骤 8：单击"定位"选项卡，分别设置 Width 和 Height 为"960"和"30"，单击"应用"按钮，再按 Enter 键完成操作，如图 7-18 所示。

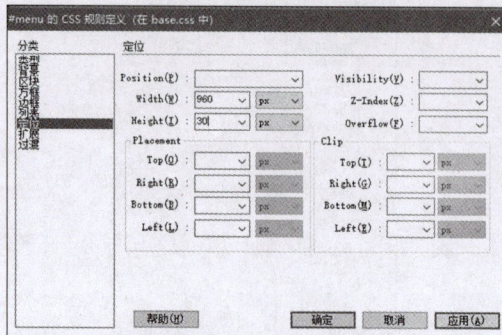

图 7-18　设置 div 的位置

步骤 9：保存页面，并将页面切换到 base.css 样式文件中，即可查看所添加的 ID 选择器，如图 7-19 所示。

```
#menu {
    line-height: 30px;
    background-color: #36F;
    height: 30px;
    width: 960px;
    font-size: 14px;
    color: #FFF;
```

图 7-19　查看 CSS 样式代码

7.3　CSS 中常用的样式

7.3.1　设置文本类型

在设置文本类型中，用户可以对文本的大小、字体、样式、行高以及颜色等进行相应的设置。下面以设置文本颜色为红色为例，详细介绍设置文本类型的操作方法。

步骤 1：打开素材文件，将光标定位在准备设置文本类型的文本处，如图 7-20 所示。

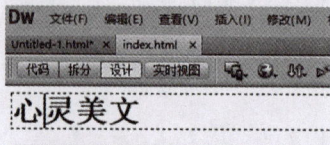

图 7-20　将光标定位在准备设置文本类型的文本处

步骤 2：在"属性"面板中，单击 CSS 按钮，单击"编辑规则"按钮，如图 7-21 所示。

图 7-21　单击"编辑规则"按钮

步骤 3：弹出"#logo hl 的 CSS 规则定义"对话框，在"分类"列表框中，选择"类型"列表项，在 color 文本框中输入"#FF0000"，单击"确定"按钮，如图 7-22 所示。

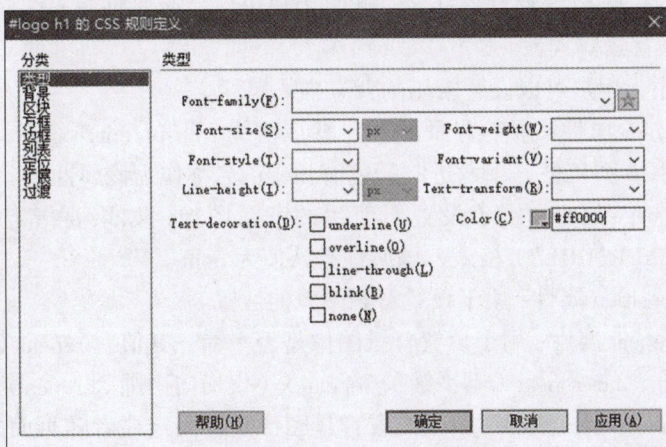

图 7-22　logo h1 的 CSS 规则定义

步骤 4：通过以上方法，即可完成设置文本类型的操作，最终文本效果如图 7-23 所示。

图 7-23　设置文本效果

上述的"类型"区域中，用户可以对各个选项进行设置。

Font-family（字体）：用于设置当前样式所使用的字体。

Font-size（大小）：定义文本大小。可设置相对大小或者绝对大小，设置绝对大小时还可以在其右边的下拉列表中选择单位，常使用"点数（pt）"为单位，一般把正文字体大小设置为 9pt 或 10.5pt。

Font-style（样式）：设置字体的特殊格式，包括"正常""斜体"和"偏斜体"三个选项。

Line-height（行高）：设置文本所在行的高度。选择"正常"项，则由系统自动计算行高和字体大小；也可以直接在其中输入具体的行高数值，然后在右边的下拉列表中选择单位。注意行高的单位应该和文字的单位一致，行高的值应等于或略大于文字大小。

Font-weight（粗细）：设置文字的笔画粗细。选择粗细数值，可以指定字体的绝对粗细程度，选择"粗体""特粗""细体"等选项，可以指定字体相对的粗细程度。

Font-variant（变体）：设置文本的小型大写字母变体，即将小写字母改为大写，但显示尺寸仍按小写字母的尺寸显示。该设置只有在浏览器中才能看到显示效果。

Text-transforrn（大小写）：将英文单词的首字母大写或全部大写或全部小写。

Text-decoration（修饰）：向文本中添加下划线、上划线或删除线，或使文本闪烁，常规文本的默认设置是"无"，链接的默认设置是"下划线"。

Color（颜色）：设置文本颜色，可以通过颜色选择器选取，也可以直接在文本框中输入颜色值。

7.3.2 设置背景样式

在制作网页时，需要设置背景样式，此时用户可以使用 background 属性来对其进行定义或单独设置某项背景样式。

在 CSS 样式中，用户可以设置常用的背景样式属性。

Background-color 属性：用于背景颜色，默认值为 transparent，表示背景颜色为透明。用户也可以使用 RGB 颜色值、十六进制颜色值和颜色名称作为该属性值。

Background-image 属性：用于设置要使用的背景图像，如果要指定图像路径，使用 background-image:url（'URL'）格式，该属性默认值为 none。

Background-position 属性：用于设置背景图像的位置。

Background-repeat 属性：用于设置背景图像是否平铺，其值有 repeat（默认值，表示纵向平铺和横向平铺）、no-repeat（不平铺）、repeat-x（仅横向平铺）、repeat-y（仅纵向平铺）。

Background-attachment 属性：用于设置背景图像是否固定或者随页面的其余部分滚动，其值有 scroll（默认值，随内容滚动）和 fixed（固定不滚动）两个。

下面我们通过具体的实例来讲解如何在 CSS 样式中使用这些属性来格式化页面背景样式。

步骤 1：打开 index.html 素材文件，参在 "CSS 样式" 面板中选择 css.css 选项，单击 "新建 CSS 规则" 按钮，如图 7-24 所示。

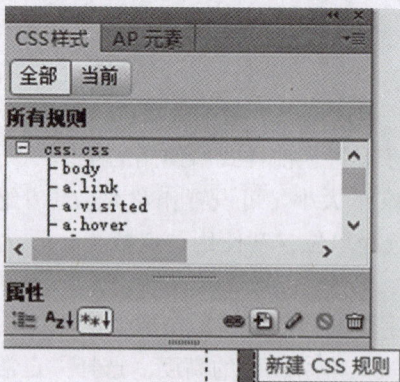

图 7-24　启动新建 CSS 样式功能

步骤 2：打开 "新建 CSS 规则" 对话框，在 "选择器类型" 下拉列表框中选择 "ID（仅应用于一个 HTML 元素）" 选项，输入选择器名称，单击 "确定" 按钮，如图 7-25 所示。

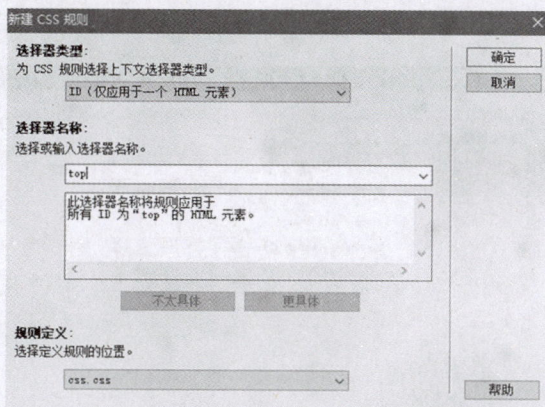

图 7-25　设置选择器类型

步骤 3：打开"#top 的 CSS 规则定义"对话框，单击"背景"选项卡，单击 Background-image 选项后的"浏览"按钮，如图 7-26 所示。

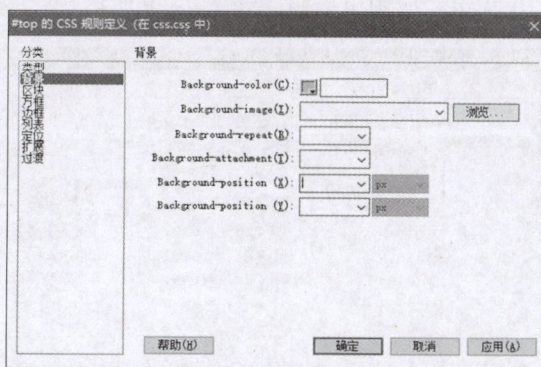

图 7-26　"#top 的 CSS 规则定义"对话框

步骤 4：打开"选择图像源文件"对话框，选择需要插入的背景图像，单击"确定"按钮确认插入图像，如图 7-27 所示。

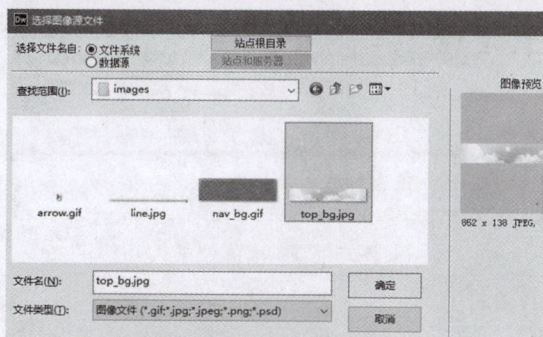

图 7-27　选择背景图像

步骤 5：在"#top 的 CSS 规则定义"对话框中设置 Background-repeat 属性为 no-repeat，

设置 Background-position 属性为"left"，单击"应用"按钮，如图 7-28 所示。

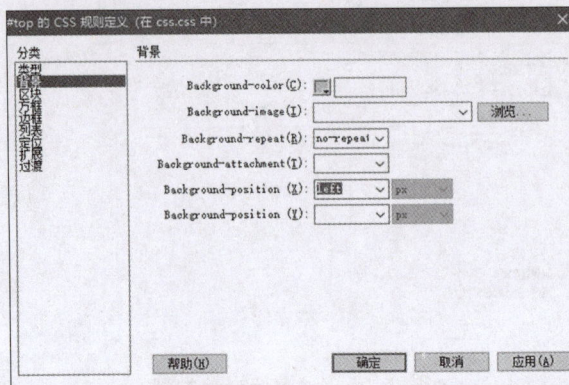

图 7-28　设置背景图像的属性

步骤 6：单击"方框"选项卡，分别设置 Width 属性和 Height 属性数值为"960"和"138"，设置 Float 属性为"Left"，单击"应用"按钮，如图 7-29 所示。

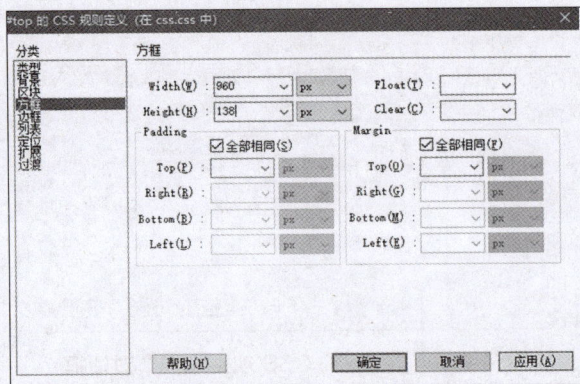

图 7-29　设置背景图像的方框大小

步骤 7：保存网页，按 F12 键即可预览背景图像的效果，如图 7-30 所示。

图 7-30　预览效果

7.3.3 设置方框样式

在制作网页时，用户可以对方框的大小、填充及边距等参数进行设置，从而让网页元素的排列方式更加合理。在"方框"选项卡，用户可以设置网页元素方框样式的常用属性。

Width 属性：用于设置元素的宽度，默认值为 auto，也可以使用 px、cm 等单位定义具体的宽度。

Height 属性：用于设置元素的高度，默认值为 auto，可以使用 px、cm 等单位定义具体的高度。

Margin 属性：用数值和单位来设置对象四边的外边距，其值按上（margin-top）、右（margin-right）、下（margin-bottom）、左（margin-left）的顺序作用于四边，默认值为 auto。

Padding 属性：用数值和单位来设置对象的内容距四边的距离（即内边距），其值按上（padding-top）、右（padding-right）、下（padding-bottom）、左（padding-left）的顺序作用于四边。

7.3.4 设置定位样式

在设置定位样式中，用户可以对"层"进行定位等的设置。下面以设置层高度为 100px 为例，详细介绍设置定位样式的操作方法。

步骤 1：打开素材文件，将光标定位在准备设置定位样式的位置，如图 7-31 所示。

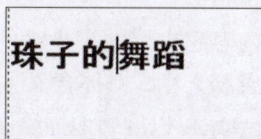

图 7-31　将光标定位在准备设置定位样式的位置

步骤 2：在"属性"面板中，单击 CSS 按钮，单击"编辑规则"按钮，如图 7-32 所示。

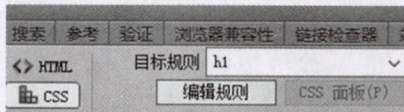

图 7-32　单击"编辑规则"按钮

步骤 3：弹出"h1 的 CSS 规则定义"对话框，选择"定位"列表项，在 Height 文本框中，输入数值"100"，单击"确定"按钮，如图 7-33 所示。

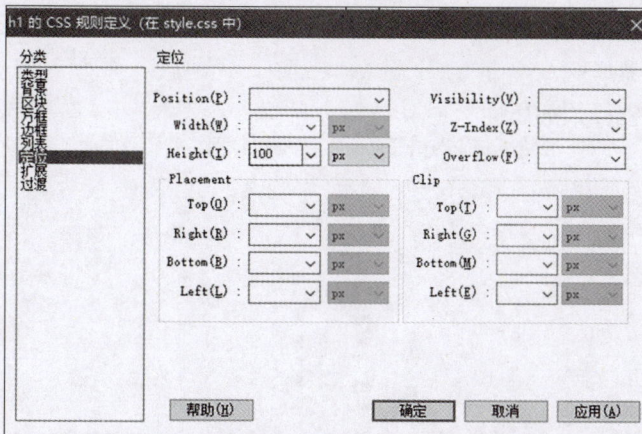

图 7-33　h1 的 CSS 规则定义（在 style.css 中）

步骤 4：通过上述方法，即可完成设置定位样式的操作，如图 7-34 所示。

珠子的舞蹈

图 7-34　设置的定位样式效果

在"定位"区域中，用户可以对各个选项进行设置。

Position（类型）：包括 3 个选项，即"绝对"使用绝对坐标定位层，在"定位"文本框中输入相对于页面左上角的坐标值；"相对"使用相对坐标定位层，在"定位"文本框中输入相对于应用样式的元素在网页中原始位置的偏离值，这一设置无法在编辑窗口中看到效果；"静态"使用固定位置，设置层位置不移动。

Visibility（显示）：确定层的可见性，如果不指定显示属性，则默认情况下大多数浏览器都继承父级的属性。

Z-Index（Z 轴）：确定层的叠加顺序。

Overflow（溢位）：确定当层的内容超出层的大小时的处理方式。

Placement（置入）：指定层的位置和大小，具体含义主要根据在"类型"下拉列表框中的设置，由于层是矩形的，只需要两个点就可以准确地描绘层的位置和形状。第 1 个点是左上角的顶点，由"左"和"上"两项进行设置；第 2 个点是右下角的顶点，用"右"和"下"两项进行设置。

Clip（裁切）：设置限定层中可见区域的位置和大小。

7.4　思考与练习

1. 什么是 CSS 层叠样式表？
2. CSS 有哪些类型？
3. 如何设置标签样式？
4. 如何设置背景样式？
5. 简单介绍方框样式的属性。

第8章

表格、表单、框架和模板的使用

表格是 HTML 的一项非常重要的元素，它可以简洁明了，高效快捷地将文本、图片、动画等网页元素准确有序地排列在页面上。表单在网页中主要负责数据采集，从而实现网页后台与后台服务器之间的信息交互。同时在设计制作大量风格类似的页面时，还可以利用模板来提高其工作效率。框架作为比较常用的网页技术，可以将不同的网页文档在同一个浏览器窗口中显示出来。

◎ 学习目标

1. 掌握表格的操作。
2. 掌握表单的操作。
3. 掌握框架的操作。
4. 掌握模板的操作。

》【课程导入】

在网页设计与制作中，表格、表单、框架和模板等元素是如何使用的呢？本章将进行详细讲解。

8.1 表格

8.1.1 认识表格

网页向浏览者提供的信息是多样化的，例如文字、图像、Flash 动画等。如何使这些网页元素在网页中合理的显示，使网页布局得有条理、美观，这也是设计人员在着手设计网页之前必须考虑的事情。表格的作用在于帮助设计者高效、准确地定位各种网页数据，直观、鲜明地表达设计者的思想。

表格是用于在 HTML 页上显示表格式数据以及对文本和图形进行布局的工具。表格由一行或多行组成，每行又由一个或多个单元格组成。

当选定了表格或表格中有插入点时，Dreamweaver CS6 软件会显示表格宽度和每个单元格的列宽。宽度旁边是表格标题菜单与列标题菜单的箭头。使用这些菜单可以快速访问与表格相关的常用命令。用户可以启用或禁用宽度和菜单。

如果未显示表格的宽度或列的宽度，则说明没有在 HTML 代码中指定该表格或列的宽度。如果出现两个数，则说明"设计"视图中显示的表格可视宽度与"HTML"代码中指定的宽度不一致。当拖动表格的右下角来调整表格的大小，或者添加到单元格中的内容比该单元格的设置宽度大时，会出现这种情况。

8.1.2 表格的操作

1. 插入表格

（1）插入普通表格

在 Dreamweaver CS6 软件中，表格可以用于制作简单的图表，使用表格来显示数据，可以更加直观地进行查看、修改以及分析等目的。表格不仅可以为页面进行宏观的布局，还可以使页面中的文本、图像等元素更有条理。插入表格后，还可以在表格中插入嵌套表格。

在 Dreamweaver CS6 软件中创建表格很简单。下面将详细介绍插入普通表格的具体操作方法。

步骤 1：把光标定位在要插入表格的位置，单击菜单栏中的"插入"→"表格"命令。

步骤 2：打开表格对话框，如图 8-1 所示。

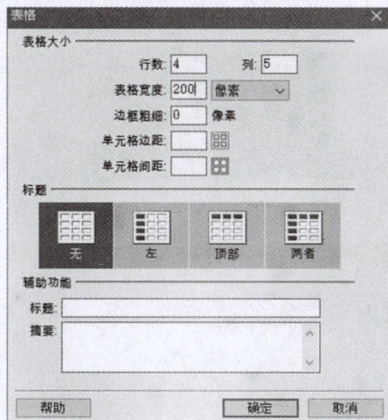

图 8-1　表格对话框

步骤 3：单击"确定"创建表格插入如图 8-2 所示的"4 行 5 列"的表格。

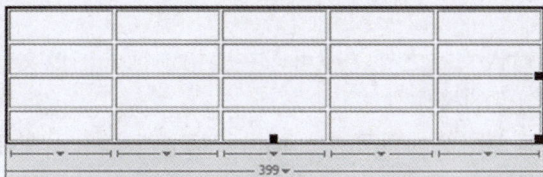

图 8-2　插入的表格

（2）插入嵌套表格

嵌套表格是在一个表格的单元格内插入表格。下面我们介绍插入嵌套表格的具体操作方法。

步骤 1：将光标定位在表格的一个单元格内。

步骤 2：执行插入表格的操作，即可在表格内插入嵌套表格如图 8-3 所示。

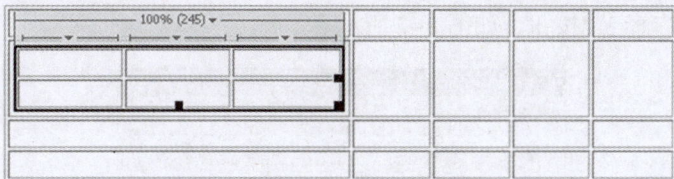

图 8-3　表格内嵌套表格

2. 插入内容

创建完表格后，用户可以在表格中输入相关内容，而最常见的是输入文本和插入图像，下面分别予以详细介绍。

（1）输入文本

在表格中输入文本内容，与在网页文档中输入文本内容大致相同。下面详细介绍在表格中输入文本的操作方法。

步骤 1：选择准备输入文本的单元格，调整好输入法之后，即可在单元格内输入文本，如图 8-4 所示。

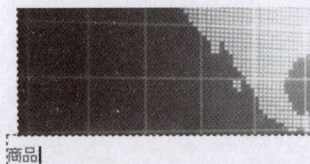

图 8-4　选择准备输入文本的单元格

步骤 2：当输入的文本超出单元格的范围时，单元格会自动调整大小，以适应文本，如图 8-5 所示。

图 8-5　自动调整单元格

（2）插入图像

除了可以在表格中输入文本之外，还可以在表格中插入图像文件，以丰富网页。下面详细介绍在表格中插入图像的操作方法。

步骤 1：选择准备插入图像的单元格，单击"插入"菜单，在弹出的下拉菜单中，选择"图像"菜单项，如图 8-6 所示。

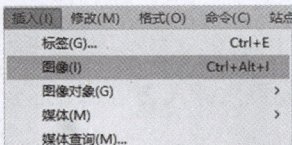

图 8-6　选择"插入"→"图像"菜单

步骤 2：弹出"选择图像源文件"对话框，选择图像文件存储位置，选择准备插入的图像文件，单击"确定"按钮，如图 8-7 所示。

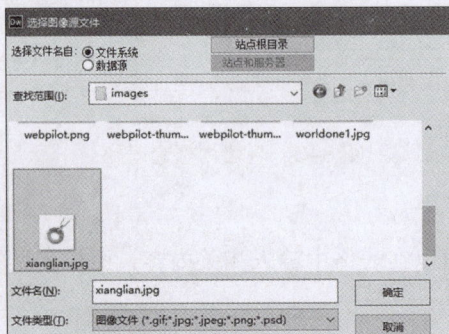

图 8-7　插入图像

步骤3：弹出"图像标签辅助功能属性"对话框，在"替换文本"下拉列表中，选择"空"列表项，单击"确定"按钮，如图8-8所示。

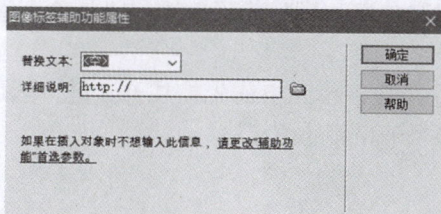

图8-8　"图像标签辅助功能属性"对话框

步骤4：通过以上方法，即可完成在表格中插入图像的操作，如图8-9所示。

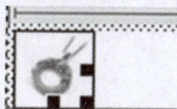

图8-9　插入图像效果

3. 选择表格和单元格

要对网页元素进行编辑或设置，首先需要选择表格。在Dreamewaver CS6软件中，可以一次选择整个表、行或列，也可以选择连续的单元格。其具体操作方法如下。

（1）选择整个表格

通过命令选择：将文本插入点定位到某个单元格内并右击，在弹出的快捷菜单中选择"表格"命令，在其子菜单中选择"选择表格"命令，即可将整个表格选中。

通过表格边框选择：鼠标指针移动到表格的任意边框上，当鼠标指针成双向箭头形状时，单击鼠标可选择整个表格。

通过表格底部选择：将鼠标指针移动到表格左下角、右下角、顶部边框及底部边框的任意位置，当鼠标指针变成带表格形状时，单击鼠标即可选择整个表格。

通过标签选择器选择：将文本插入点定位到某个单元格内，在页面底部的"标签选择器"中单击"<table>"标签按钮，即可选择整个表格。

（2）选取行或列

在选择表格的行或列时，可以通过拖动鼠标直接选择某一行或某一列，也可以同时选择多行或者多列，具体操作方法如下：

选取单行：将移动鼠标指针移动到某一行左边框处，在鼠标指针变为右向箭头时，单击即可选择该行。

选取单列：将移动鼠标指针移动到某一列上边框处，在鼠标指针变为下箭头时，单击即可选择该列。

（3）选取单元格

在选择单元格时，可以选择单个单元格，也可以选择一行单元格、单元格区域及不相邻的单元格等。当某个单元格被选取时，该单元格周围会出现黑色的边框，下面我们将介绍几种选取单元格的方法。

选取单个单元格：将文本插入点定位到相应单元格中，在页面底部的"标签选择器"中单击"<td>"标签，即可选择该单元格。

选取单元格区域：单击某个单元格，并按住鼠标向某个方向拖动，即可选择相应单元格区域。

选取不相邻的单元格：在选择单元格前先按住 Ctrl 键，然后单击需要选择的单元格，最后释放 Ctrl 键即可选择多个不相邻的单元格。

8.1.3 编辑表格

在利用表格布局网页结构时，往往不能一步到位的完成布局。因此，用户有必要了解一些编辑表格的常见操作，如单元格的插入、删除、复制、剪切、粘贴以及合并和拆分等操作。

1. 插入行/列

在表格中插入行/列又包括插入单行或单列和插入多行或多列，下面将分别介绍其具体操作步骤。

（1）插入单行或单列

在表格中插入单行或单列的方法比较简单。

步骤 1：将光标定位到相应的单元格中，如图 8-10 所示。

步骤 2：单击鼠标右键，在弹出的快捷菜单中选择"表格"→"插入行"命令，在所选单元格的上方将会出现新的一行，如图 8-11 所示。

步骤 3：使用相同的方法在弹出的快捷菜单中选择"表格"→"插入列"命令，在选择单元格的左侧将出现新的一列，如图 8-12 所示。

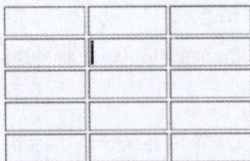

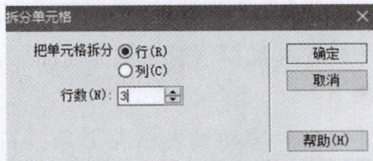

图 8-10　定位光标　　　图 8-11　在单元格上方插入行　　　图 8-12　在单元格左侧插入列

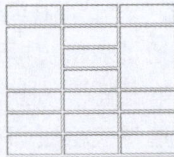

（2）插入多行或多列

在表格中插入多行或多列的方法和插入表格的方法非常相似。

步骤 1：将光标定位到相应的单元格中，如图 8-13 所示。

步骤 2：单击鼠标右键，在弹出的快捷菜单中选择"表格"→"插入行或列"命令，打开"插入行或列"对话框，在"插入"栏中选中"行"单选按钮，在"行数"数值栏中输入"2"，在"位置"栏中选中"所选之下"单选按钮，单击"确定"按钮，如图 8-14 所示。

步骤 3：返回工作界面中即可查看插入行后的效果，如图 8-15 所示。

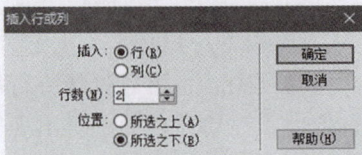

图 8-13　定位光标　　　图 8-14　设置插入 2 行　　　图 8-15　插入 2 行后的效果

2. 删除行 / 列

如果要删除表格中的行或列，可将光标插入点定位到所需删除的单元格中，然后执行以下操作即可删除行例。

步骤一：单击鼠标右键，在弹出的快捷菜单中选择"表格"→"删除行"命令，可以删除光标插入点所在的行。

步骤二：选择"表格"→"删除列"命令，可删除光标插入点所在的列

步骤三：选择需要删除的行列，按"Delete"键可将其直接删除。

3. 复制、剪切和粘贴单元格

熟练掌握单元格的复制、剪切和粘贴操作，可以快速复制和移动单元格中的数据，下面通过具体的实例，来讲解相关的操作方法。

步骤 1：打开"图书信息．html"素材文件，在页面中选择需要复制文本的单元格，如图 8–16 所示。

图书销售信息

ID	图书名称	售价(元)	出版社
1	三国演义	80.00	清华出版社
2	红楼梦	78.00	铁道出版社
3	水浒传	89.00	人民邮电出版社
4	西游记	95.00	青年出版社
5	白蛇传	68.00	清华出版社
6	茶馆	49.00	
7	左传	56.00	铁道出版社
8	吕氏春秋	42.00	人民邮电出版社
9	孟子	35.00	青年出版社

图 8–16　选择需要复制的单元格

步骤 2：在单元格上右击，在弹出的快捷菜单中选择"拷贝"命令，如图 8–17 所示。

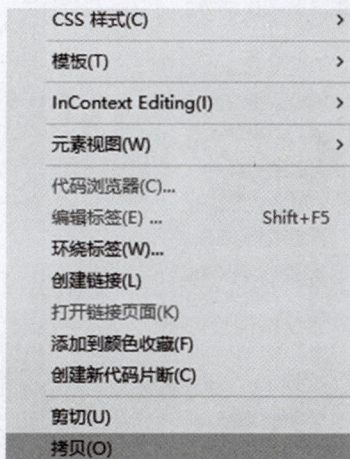

CSS 样式(C)	＞
模板(T)	＞
InContext Editing(I)	＞
元素视图(W)	＞
代码浏览器(C)...	
编辑标签(E) ...	Shift+F5
环绕标签(W)...	
创建链接(L)	
打开链接页面(K)	
添加到颜色收藏(F)	
创建新代码片断(C)	
剪切(U)	
拷贝(O)	

图 8–17　执行复制操作

步骤 3：选择需要粘贴数据的单元格，并在其上右击，在弹出的快捷菜单中选择"粘贴"命令，如图 8–18 所示。

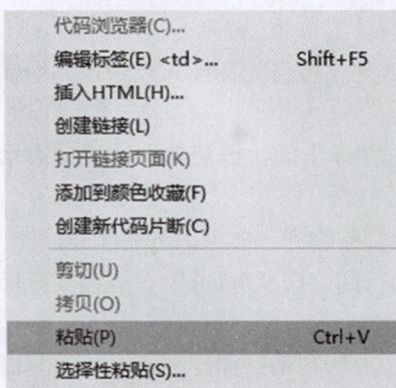

图 8-18　粘贴数据到指定的单元格

步骤 4：选择目标单元格区域，并在其上右击，在弹出的快捷菜单中选择"剪切"命令，如图 8-19 所示。

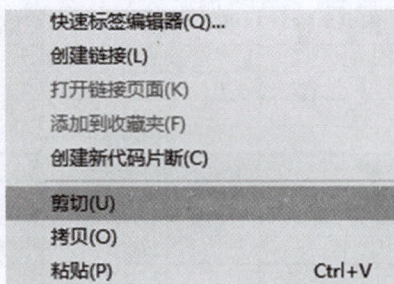

图 8-19　执行剪切操作

步骤 5：将文本插入点定位在需要插入目标的单元格中，并在其上右击，在弹出的快捷菜单中选择"粘贴"命令，如图 8-20 所示。

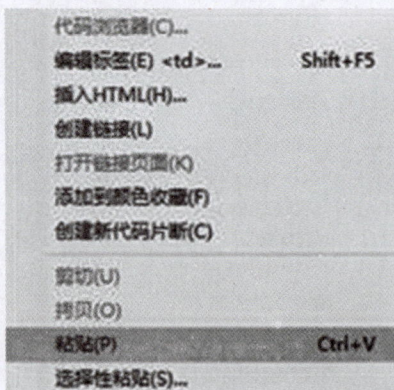

图 8-20　粘贴数据到指定的单元格

步骤 6：以相同的方法调整其他单元格的位置，并重新定义其 ID 编号，如图 8-21 所示。

图书销售信息

ID	图书名称	售价(元)	出版社
1	三国演义	80.00	清华出版社
2	白蛇传	68.00	清华出版社
3	茶馆	49.00	清华出版社
4	红楼梦	78.00	铁道出版社
5	左传	56.00	铁道出版社
6	水浒传	89.00	人民邮电出版社
7	吕氏春秋	42.00	人民邮电出版社
8	西游记	95.00	青年出版社
9	孟子	35.00	青年出版社

图 8-21　修改 ID 编号

步骤 7：保存网页，按 F12 键可以预览网页效果，如图 8-22 所示。

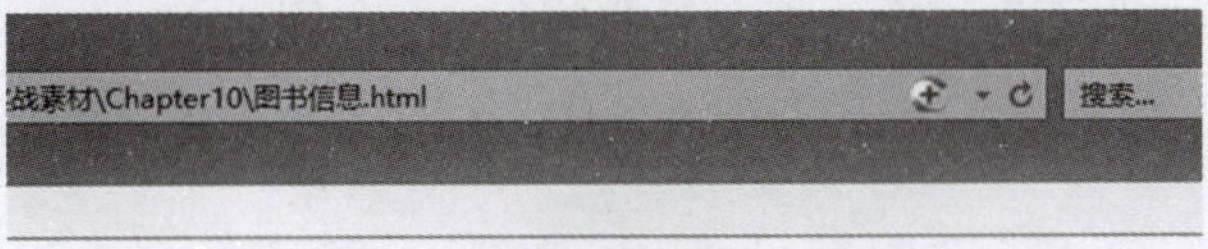

图书销售信息

ID	图书名称	售价(元)	出版社
1	三国演义	80.00	清华出版社
2	白蛇传	68.00	清华出版社
3	茶馆	49.00	清华出版社
4	红楼梦	78.00	铁道出版社
5	左传	56.00	铁道出版社
6	水浒传	89.00	人民邮电出版社
7	吕氏春秋	42.00	人民邮电出版社
8	西游记	95.00	青年出版社
9	孟子	35.00	青年出版社

图 8-22　浏览效果

4. 合并与拆分单元格

合并与拆分单元格是编辑表格过程中最常用的操作之一，下面将分别对其方法进行讲解。

（1）合并单元格

合并单元格是指将表格中的多个单元格合并为一个单元格的操作，其方法有以下两种。

①选择要合并的单元格区域后，单击"属性"面板左下角的口按钮即可。

②选择要合并的单元格区域并单击鼠标右键，在弹出的快捷菜单选择"表格"→"合并单元格"命令。

（2）拆分单元格

拆分单元格是指将一个单元格拆分为多个单元格的操作，其操作方法比较简单。

步骤 1：将光标定位到要进行拆分操作的单元格中，如图 8-23 所示。

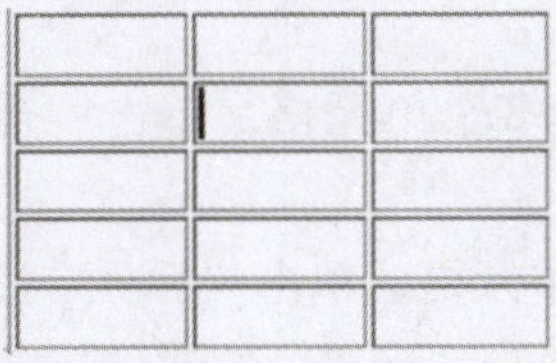

图 8-23　定位光标

　　步骤 2：单击"属性"面板左下角的"拆分单元格为行或列"按钮，打开"拆分单元格"对话框，在"把单元格拆分"栏中选中"行"单选按钮，在"行数"数值框中输入"3"，单击"确定"按钮，如图 8-24 所示。

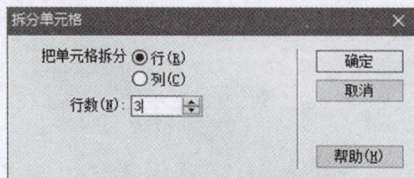

图 8-24　拆分单元格

　　步骤 3：返回工作界面即可查看拆分后的单元格，如图 8-25 所示。

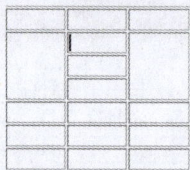

图 8-25　查看拆分后的单元格效果

8.1.4 设置表格

　　插入表格后，用户可以对其进行设置，通过设置表格和单元格属性，能够满足网页设计的需要，下面将详细介绍设置表格的相关知识。

　　1. 设置单元格属性

　　在创建表格之后，可以对单个单元格属性进行设置，单击准备设置属性的单元格，即可在"属性"面板中对选中的单元格属性进行设置，如图 8-26 所示。

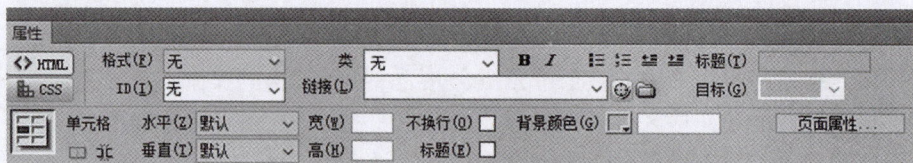

图 8-26　"属性"面板

　　在单元格"属性"面板中，可以设置以下参数。

　　"不换行"：可以将单元格中所输入的文本显示在同一行，防止文本换行。

　　"标题"：可以将单元格中的文本设置为表格的标题，默认情况下，表格标题显示为粗体。

　　"合并"：选中表格中的连续多个单元格，单击"合并"按钮，将所选的单元格进行合并。

　　"拆分"：选中表格中的单个单元格，单击"拆分"按钮，弹出"拆分单元格"对话框，设置"拆分单元格"对话框之后单击"确定"按钮。

"水平"：单击"水平"下拉列表框右侧的下拉按钮，在弹出的列表中选择任意菜单项用于设置单元格内容的水平对齐方式。

"垂直"：单击"垂直"下拉列表框右侧的下拉按钮，在弹出的列表中选择任意选项用于设置单元格内容的垂直对齐方式。

"宽"和"高"：在"宽"和"高"文本框中输入表格宽度和高度的数值。

"背景颜色"：单击该下拉按钮，在弹出的颜色调板中选择相应的色块。

"页面属性"按钮：单击此按钮，可以弹出"页面属性"对话框，用于设置网页文档的属性。

2. 设置表格属性

在插入表格之后，即可对插入的表格属性进行设置。将表格选中之后，即可在"属性"面板中进行设置，如图 8-27 所示。

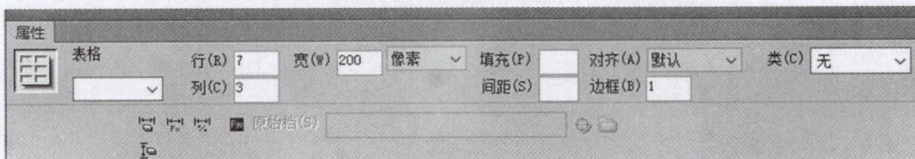

图 8-27　"属性"面板

在表格"属性"面板中，用户可以设置以下参数。

"表格"：表格即表格名称，在该下拉列表框中可以输入表格的名称。

"行"：可以设置表格的行数。

"列"：可以设置表格的列数。

"宽"：可以设置表格的宽度。单击文本框右侧下拉列表框的下拉按钮，在弹出的列表中可以选择表格宽度的单位。

"填充"：可以输入单元格内容与单元格边框之间的像素值。

"间距"：可以相邻单元格之间的像素值。

"对齐"：可以设置表格相对于同一段落中其他元素的显示位置。

"类"：可以将 CSS 规则应用于对象。

"边框"：可以设置表格边框宽度的数值。

表格设置区域：包括"清除列宽"按钮，用于清除表格中设置的列宽；"将表格宽度设置成像素"按钮，用于将当前表格的宽度单位转换为像素；"将表格当前宽度转换成百分比"按钮，用于将当前表格的宽度单位转换为文档窗口的百分比单位；"清除行高"按钮，用于清除表格中设置的行宽。

3. 设置单元格大小和对齐方式

单元格大小即单元格的宽度和高度，对齐方式则是相对于单元格而言，其中内容所处的位置，下面将通过具体实例，讲解其相关操作方法。

步骤 1：打开"书籍目录 .html"素材文件，选择需要调整大小和对齐方式的单元格，如图 8-28 所示。

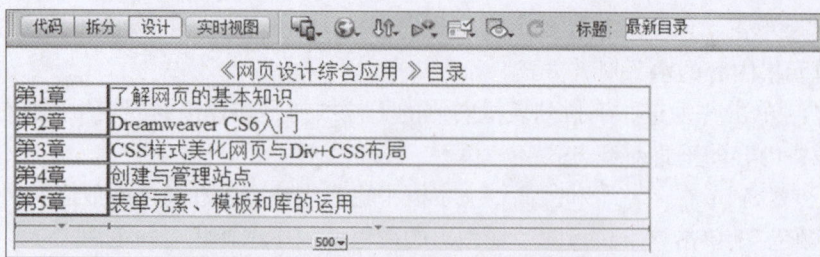

图 8-28　选择目标单元格

步骤 2：在"属性"面板的"宽"文本框中输入数值"150"，修改单元格的宽度，如图 8-29 所示。

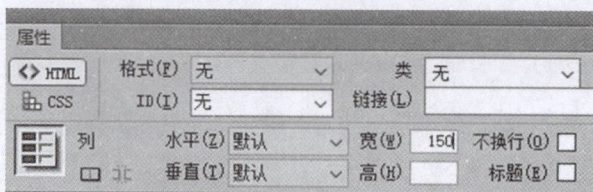

图 8-29　修改单元格的宽度

步骤 3：单击"水平"下拉列表框右侧的下拉按钮，移在弹出的下拉列表中选择"居中对齐"选项，如图 8-30 所示。

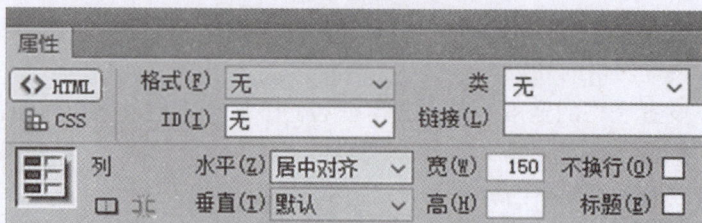

图 8-30　设置对齐方式

步骤 4：完成操作以后，保存网页并按 F12 键预览效果，如图 8-31 所示。

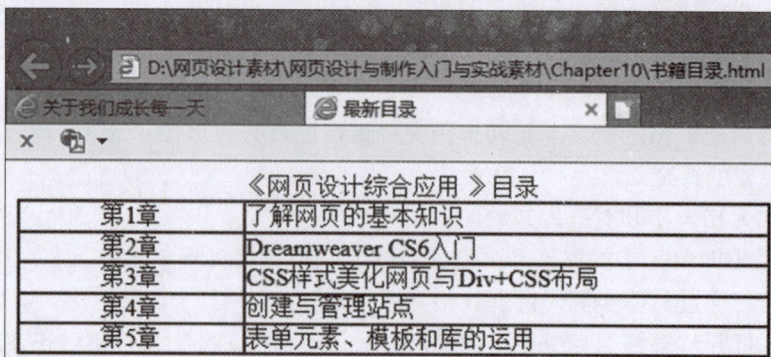

图 8-31　预览效果

4. 设置单元格中文本格式和背景格式

为了让表格的效果更加美观，用户还可以根据需要对单元格中的文本格式以及单元格的背景格式进行设置。

步骤 1：打开"资讯 3.html"素材文件，选择需要设置文本格式的单元格，如图 8-32 所示。

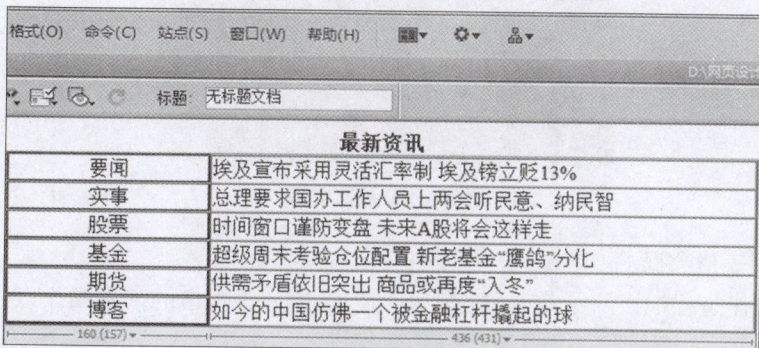

图 8-32　选择目标单元格

步骤 2：在"属性"面板中，单击"格式"下拉列表框右侧的下拉按钮，在弹出的下拉列表中选择"标题 4"选项，如图 8-33 所示。

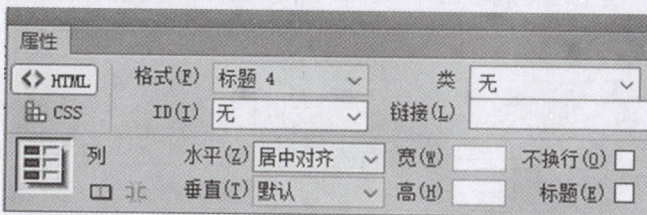

图 8-33　设置文本格式化

步骤 3：单击"背景颜色"下拉列表框右侧的下拉按钮，在打开的拾色器面板中选择目标颜色，如图 8-34 所示。

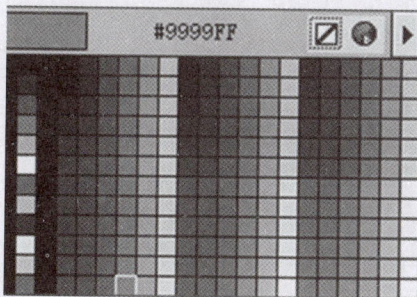

图 8-34　设置单元格的颜色

步骤 4：用相同方法设置其他单元格的格式与背景颜色，保存页面并按 F12 键预览设置效果，如图 8-35 所示。

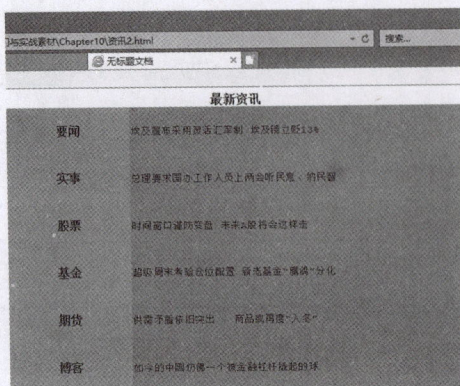

图 8-35　预览效果

8.1.5 处理表格数据

在网页制作过程中，除了掌握复制、剪切以及拆分等表格的基本操作以外，还需要掌握一些特殊的表格处理操作，如从对表格的数据排序、外部导入数据等。

1. 对表格数据排序

表格不仅可以应用于对网页的结构进行布局，还可以用于存储数据，如存储成绩、工资等，对于这种存储数据的表格，还可以像 Excel 一样，对其中的数据进行排序。

步骤 1：打开"学生月考成绩统计 1.html"素材文件，选择需要进行排序的表格，如图 8-36 所示。

图 8-36　选择表格

步骤 2：在菜单栏中单击"命令"菜单，在弹出的下拉菜单中选择"排序表格"命令，如图 8-37 所示。

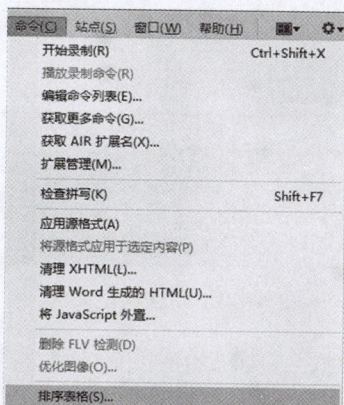

图 8-37　选择"排序表格"命令

步骤 3：打开"排序表格"对话框，在"排序按"下拉列表框中选择"列 7"选项，在"顺序"栏中分别选择"按数字顺序"和"降序"选项，单击"确定"按钮，如图 8-38 所示。

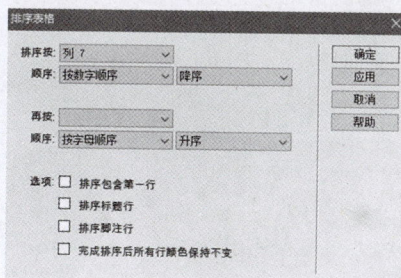

图 8-38　设置排序参数

步骤 4：保存网页，按 F12 键可以预览表格排序效果，如图 8-39 所示。

图 8-39　预览效果

2.外部导入表格数据

在网页制作过程中，用户可以直接将预先制作好的表格数据文件导入页面中。

步骤 1：新建一个空白网页文件，并将其重命名为"学生月考成绩统计 .html"，如图 8-40 所示。

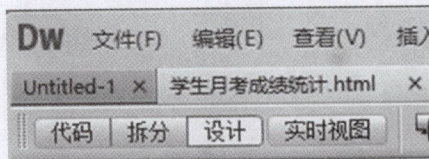

图 8-40　新建网页文件

步骤 2：单击"文件"菜单项，在弹出的下拉菜单中选择"导入"→"Excel 文档"命令，如图 8-41 所示。

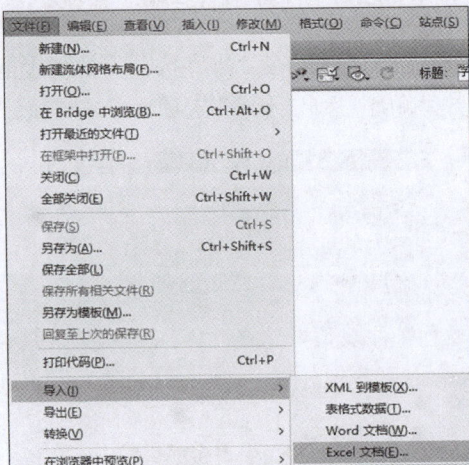

图 8-41　执行导入命令

步骤 3：打开"导入 Excel 文档"对话框，选择需要的文件导入到网页中，单击"打开"按钮，如图 8-42 所示。

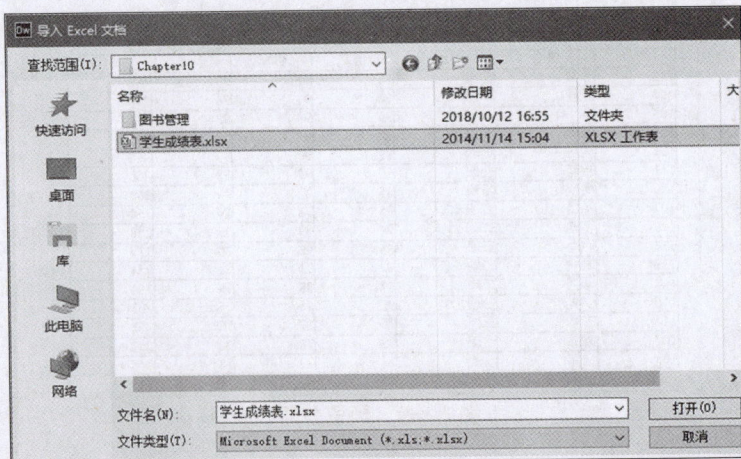

图 8-42　"导入 Excel 文档"对话框

步骤 4：此时，程序会自动将“学生成绩表.xlsx”文档中的表格内容导入到网页内容中，保存网页完成操作，如图 8–43 所示。

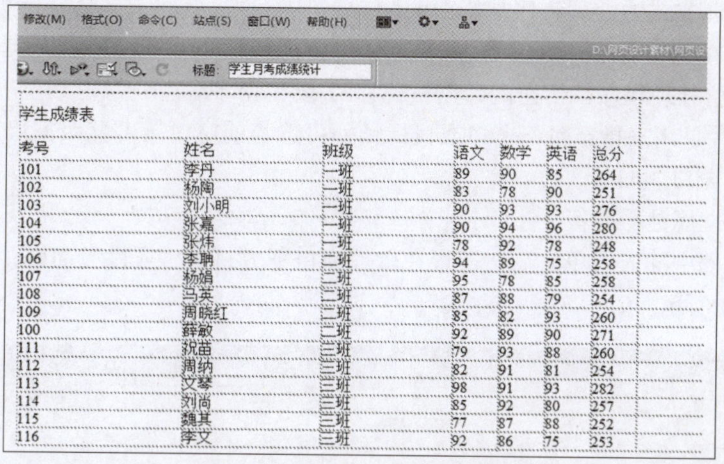

考号	姓名	班级	语文	数学	英语	总分
101	李丹	一班	89	90	85	264
102	杨陶	一班	83	78	90	251
103	刘小明	一班	90	93	93	276
104	张嘉	一班	90	94	96	280
105	张炜	一班	78	92	78	248
106	李聃	二班	94	89	75	258
107	杨娟	二班	95	78	85	258
108	马英	二班	87	88	79	254
109	周晓红	二班	85	82	93	260
100	薛敏	二班	92	89	90	271
111	祝苗	三班	79	93	88	260
112	周纳	三班	82	91	81	254
113	文琴	三班	98	91	93	282
114	刘尚	三班	85	92	80	257
115	魏其	三班	77	87	88	252
116	李文	三班	92	86	75	253

图 8–43　导入成功后的页面

8.2　表单

8.2.1 认识表单

1. 表单概述

表单是用户同服务器进行信息交流的重要工具。当访问用户将信息输入表单并“提交”时，这些信息将发送至服务器，然后由服务器端脚本或者应用程序进行信息处理，在服务器处理完成后，再反馈给用户。

一般表单的工作过程：访问用户在浏览有表单的网页时，填写相关信息，然后进行提交。这些信息通过网络发送到服务器。服务器上的程序或者脚本对数据信息进行处理，如果出现错误的信息，将会返回错误信息，并提示修改错误。数据完成无误后，服务器会对访问者反馈完成信息。

一般一个完整的表单设计应由两部分完成，首先由网页设计人员来设计样式，然后由程序设计人员来设定程序。其过程是：网页设计人员制作表单页面属于可见内容，是表单的外壳，不具有工作能力；程序设计人员通过 ASP 或 CGI 程序编写表单资料、反馈信息等属于不可见内容，是表单的核心内容。

在 Dreamweaver CS6 软件中，表单使用 <form></form> 标记来创建，在 <form>< / form> 标记范围内的都属于表单内容。在页面中，可以插入多个表单，但是不能嵌套表单。<form>< / form> 标记具有 Action、Method 和 Target 属性。

Action 的值是处理程序的程序名，如 <form action=“url”>，如果其属性值为空值，则使用当前文档的 URL，当用户提交表单时，服务器将执行这个程序。

Method 属性是用来定义处理程序从表单中获得信息的方式，可取 GET 或 POST 中的一个。GET 的处理方式为处理程序从当前 html 文档中获取，这种方式传送的数据量是有限制的，一般限制在 1KB 以下，即 255 字节；POST 方式传送的数据比较大，是将当前 html 文档的数据传送给处理程序，传送的数据量比 GET 要大得多。

Target 属性是用来指定目标窗口或目标帧，可选当前窗口 self. 父级窗口 parent、顶层窗口 _top 和空白窗口 _blank。

2. 表单的"属性"面板

在网页文档中插入表单之后，即可在软件窗口下方打开"属性"面板，表单的"属性"面板如图 8-44 所示。

图 8-44　表单的"属性"面板

在表单的"属性"面板中，用户可以设置以下参数。

"表单 ID"：在其中设置表单的唯一名称。

"动作"：指定处理该表单的动态页或脚本路径。

"方法"：可以选择传送表单数据的方式。

"编码类型"：可以设置发送数据的 MIME 编码类型，在一般情况下应该选择 application/x-www-form-urlencoded.

"类"：可以在下拉列表框中选择需要的表单样式。

3. 在页面中插入表单

在使用表单之前，首先要将表单插入网页文档中，启动 Dreamweaver CS6 程序，新建一个空白网页文档，单击"插入"→"表单"→"表单"子菜单，即可在页面中插入表单，插入的表单如图 8-45 所示。

图 8-45　插入的表单

8.2.2　插入表单元素

表单可以包含允许用户进行交互的各种控件，如文本框、列表框、复选框和单选按钮等。一个表单有 3 个基本组成部分。

表单标签：包含了处理表单数据所用的 URL 以及数据提交到服务器的方法

表单域：包含了文本框、密码框、隐藏域、多行文本框、复选框、单选框、下拉选择框和文件上传框等。

　　表单按钮：包括提交按钮、复位按钮和一般按钮，用于将数据传送到服务器上或者取消输入，还可以用表单按钮来控制其他定义处理脚本的处理工作。

　　下面列举一些表单元素的使用。

　　1. 使用百度搜索

　　在使用百度按关键字进行搜索时，如图 8-46 所示，这就是一个表单的应用。

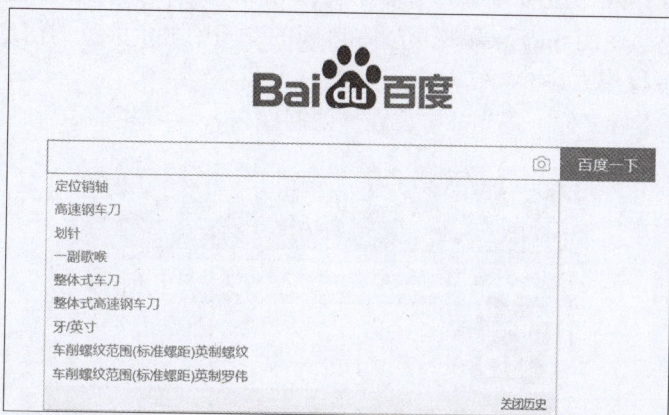

图 8-46　百度搜索页面

　　当在文本框中输入需要搜索的关键词后，再单击一下"百度一下"按钮，百度就会为用户列出与关键词相关的一些信息。

　　2. 新浪邮箱注册

　　在注册邮箱时，如图 8-47 所示，也是一个表单的应用。

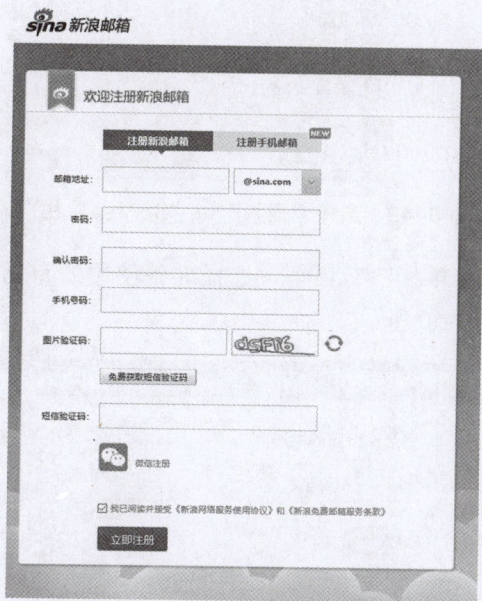

图 8-47　新浪邮箱注册页面

　　在注册邮箱时，需要填写一些信息，然后提交邮件服务器进行确认。

8.2.3 Spry 验证表单

在表单制作完成后，为使表单更严谨，用户可以选择使用 Spry 验证表单，它操作简易。本节将详细介绍 Spry 验证表单的相关知识。

1. 制作 Spry 菜单栏

Spry 菜单栏是构建一组可导航的菜单按钮，用户将鼠标移动至某个菜单按钮上时，将显示相应的子菜单。使用 Spry 菜单栏可以在紧凑的空间中显示大量的信息。下面详细介绍制作 Spry 菜单栏的操作方法。

步骤 1：打开素材文件，将光标定位在准备制作 Spry 菜单栏的位置，如图 8-48 所示。

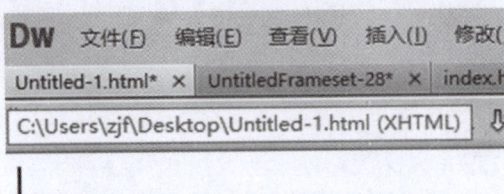

图 8-48　光标定位

步骤 2：在"插入"面板的 Spry 选项卡中，单击"Spry 菜单栏"按钮，如图 8-49 所示。

图 8-49　选择"插入"→"Spry 菜单栏"

步骤 3：弹出"Spry 菜单栏"对话框，选择准备使用的布局，如"水平"单选按钮，单击"确定"按钮，如图 8-50 所示。

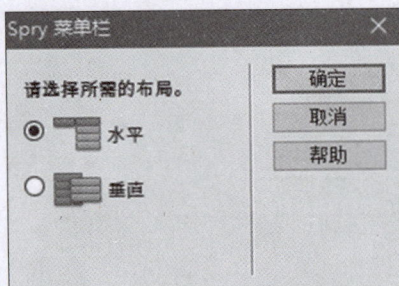

图 8-50　选择准备使用的布局

步骤 4：可以看到，在网页文档中插入的 Spry 菜单栏，如图 8–51 所示。

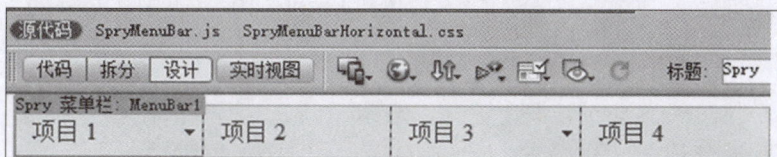

图 8–51　在网页文档中插入的 Spry 菜单栏效果

步骤 5：在"属性"面板中，对 Spry 菜单栏的"文本"和"链接"等进行相应的设置，如图 8–52 所示。

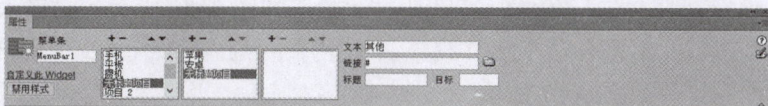

图 8–52　对 Spry 菜单栏的"文本"和"链接"等进行相应的设置

步骤 6：保存文件，按 F12 键，即可在浏览器中查看网页。通过以上方法，即可完成制作 Spry 菜单栏的操作，如图 8–53 所示。

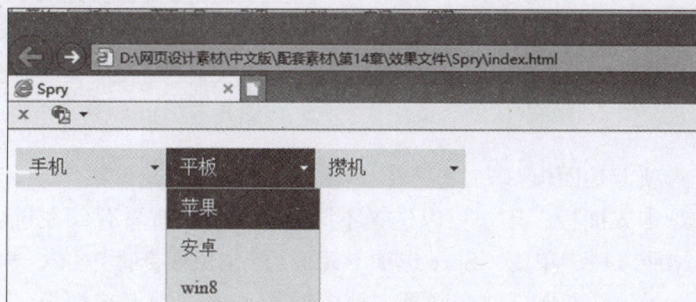

图 8–53　查看效果

2. Spry 验证文本域

Spry 验证文本域是指在普通文本域的基础上对用户输入的内容进行验证，并根据验证结果向用户发出相应的提示信息。其添加方法与添加普通的文本域方法类似，不同的是需要对其进行验证信息的设置。下面详细介绍添加 Spry 验证文本域的具体操作方法：

步骤 1：将鼠标光标定位到要添加 Spry 验证文本域的位置。

步骤 2：单击"表单"插入栏中的"Spry 验证文本域"按钮，在打开的对话框中单击"确定"按钮，返回网页文档可看到插入的 Spry 验证文本域，如图 8–54 所示。

图 8–54　添加 Spry 验证文本域

步骤 3：在"属性"面板中的"提示"文本框中输入"请输入用户名"，在"最小字符数"和"最大字符数"文本框中分别输入数值"4"和"10"，选中"必需的"复选框，如图 8-55 所示。

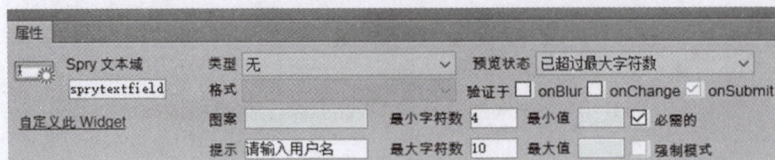

图 8-55　设置 Spry 验证文本域的属性

步骤 4：保存网页并进行预览，其默认显示状态如图 8-56 所示。当输入的内容小于 4 个字符时，则提示"不符合最小字符数要求"，当输入的内容大于 10 个字符时，则提示"已超过最大字符数"，如图 8-57 所示。

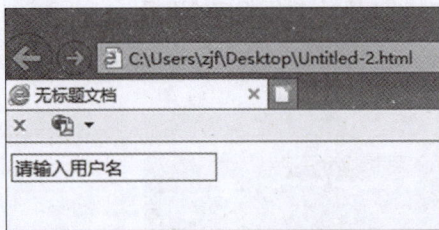

图 8-56　Spry 验证文本域的默认显示状态

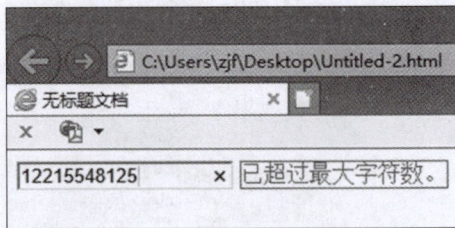

图 8-57　查看输入内容后的效果

3. 添加 Spry 选项卡式面板

通过 Spry 选项卡式面板，用户可以选择不同的选项卡来查看存储在选项卡式面板中的不同内容。在 Spry 插入栏中单击"Spry 选项卡式面板"按钮或选择"插入"→"Spry"→"Spry 选项卡式面板"命令，系统会自动在网页文档中插入 Spry 选项卡式面板，如图 8-58 所示，然后直接在网页文档中对标签的名称和内容进行修改即可。

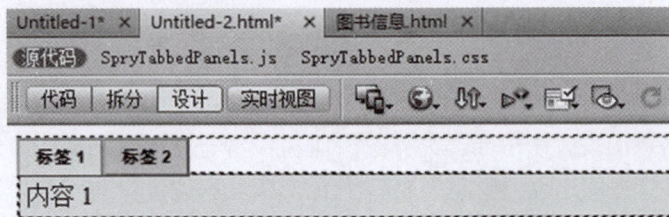

图 8-58　插入 Spry 选项卡式面板

4. 工具提示

Spry 工具提示是当用户将鼠标指针移动至网页中特定元素上时，在该元素上会显示特定的隐藏内容，当鼠标移开的时候，特定内容被隐藏。下面详细介绍使用 Spry 工具提示的操作方法。

步骤 1：打开素材文件，将光标定位在准备插入 Spry 可折叠面板的位置，如图 8-59 所示。

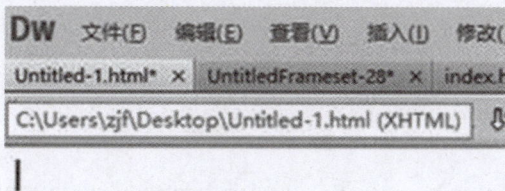

图 8-59　定位光标

步骤 2：在"插入"面板的 Spry 选项卡中，单击"Spry 工具提示"按钮，如图 8-60 所示。

图 8-60　单击"Spry 工具提示"按钮

步骤 3：可以看到在网页文档中插入的 Spry 工具提示，如图 8-61 所示。

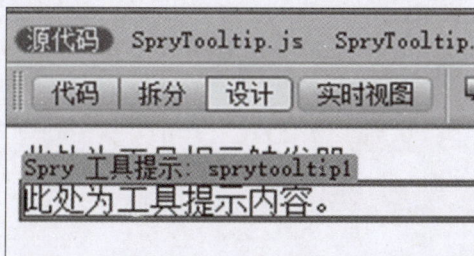

图 8-61　网页文档中插入的 Spry 工具提示

步骤 4：修改触发器内容，以及输入隐藏内容，如图 8-62 所示。

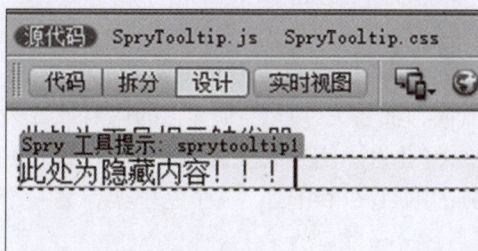

图 8-62　修改触发器内容并隐藏输入内容

步骤 5：保存文件，并按 F12 键，即可在浏览器中查看网页，如图 8-63 所示。

将鼠标移动至此处！

图 8-63　查看效果

步骤 6：将鼠标指针移动至文本处，即可显示隐藏内容，这样即可完成使用 Spry 工具提示的操作，如图 8-64 所示。

将鼠标移动至此处！

此处为隐藏内容！

图 8-64　完成 Spry 工具提示

在插入 Spry 工具提示之后，在"属性"面板中可以对 Spry 工具提示进行相关的设置，Spry 工具提示的"属性"面板如图 8-65 所示。

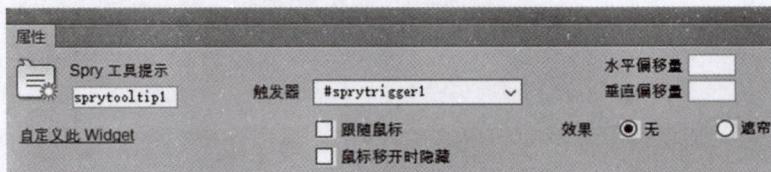

图 8-65　"属性"面板

8.3　框架

8.3.1 认识框架和框架集

框架是比较常用的网页技术，使用框架技术可以将不同的网页文档在同一个浏览器窗口中显示出来。本节将详细介绍框架方面的知识。

1. 框架和框架集

框架页面是由一组普通的 Web 页面组成的页面集合，通常在一个框架页面集中，将一些导航性的内容放在一个页面，而将另一些需要变化的内容放在另一个页面。

使用框架页面的主要原因是为了使导航更加清晰，使网站的结构更加简单明了、规格化，一个框架结构由两部分的网页文件组成，一个是框架，另一个是框架集。

2. 创建框架

要制作框架网页，就要建立框架集，框架集是组织页面内容的常见方法，通过框架集可以将内容组织到相互独立的 HTML 页面内。其中，相对固定的内容（如导航栏、标题栏）和经常变动的内容分别以不同的文件形式保存，这将会大大提高网页设计和维护的效率。

【实例】

制作简单的框架页面

【实例分析】

在网页文档中，插入简单的框架页面。新建网页文档，插入"左对齐"的框架，输入文字，调整框架。

【具体操作】

步骤 1：运行 Dreamweaver CS6 软件，新建 HTML 网页，选择"插入"→"HTML"→"框架"→"左对齐"命令，按图 8-66 所示操作，插入框架集。

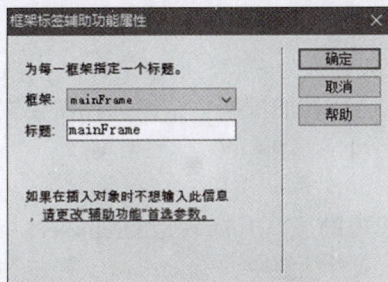

图 8-66　插入框架

步骤 2：单击左框架，输入文字"左框架窗口"，单击右框架中，输入文字"右框架窗口"，如图 8-67 所示

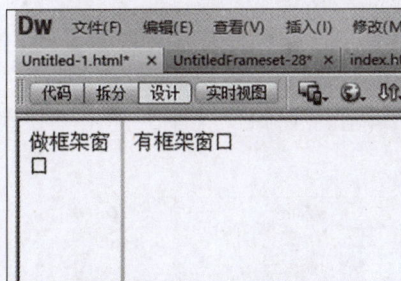

图 8-67　输入文字

步骤 3：按住左框架与右框架中间的边框线向右拖动，调整框架窗口至合适的宽度，如图 8-68 所示。

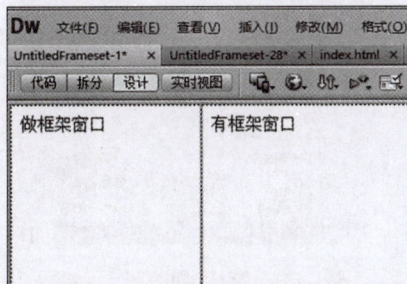

图 8-68　调整框架

3. 创建框架集

在网页文档中，创建框架集的方式有以下两种。

（1）使用预定义方式

选择"插入"→"HTML"→"框架"→"左对齐"命令，创建预定义的框架集，其中每个框架，Dreamweaver CS6 软件会提供一个默认的名称，如 mainFrame 等。

（2）使用拆分的方式

选择"修改"→"框架集"命令，从如图 8-69 所示的子菜单中选择拆分项，创建框架集。各框架名称都未命名，可以在框架的"属性"面板中为框架命名，以区分各个网页中的框架，以便网页之间进行链接。

4. 创建嵌套框架

在另一个框架集之内的框架集称为嵌套的框架集，在 Dreamweaver CS6 软件中大多数预定义的框架集也使用嵌套。在已存在的框架集中，选择需要嵌套的某一个框架，单击其窗口内部，使用拆分方法再次拆分，就会嵌套一个框架集。

5. 认识框架集和框架代码

切换代码视图，定义框架集的 HTML 标签是 <frameset> </frameset>，含有这对标签的源代码存放在框架集文件中。该对标签中含有 <frame/> 标签，每个 <frame/> 标签定义了一个框架，并为框架设置名称、源文件等属性。

8.3.2 选择框架和框架集

在准备设置框架或框架集的之前，首先要选择框架或框架集。

1. 在"框架"面板中选择框架或框架集

在 Dreamweaver CS6 软件中"框架"面板通常是隐藏的，需要用户手动打开。下面详细介绍在"框架"面板中选择框架或框架集的操作方法。

步骤 1：打开素材文件，单击"窗口"菜单，弹出下拉菜单，选择"框架"菜单项，如图 8-69 所示。

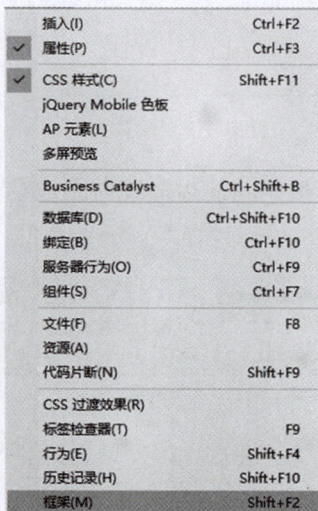

插入(I)	Ctrl+F2
✓ 属性(P)	Ctrl+F3
✓ CSS 样式(C)	Shift+F11
jQuery Mobile 色板	
AP 元素(L)	
多屏预览	
Business Catalyst	Ctrl+Shift+B
数据库(D)	Ctrl+Shift+F10
绑定(B)	Ctrl+F10
服务器行为(O)	Ctrl+F9
组件(S)	Ctrl+F7
文件(F)	F8
资源(A)	
代码片断(N)	Shift+F9
CSS 过渡效果(R)	
标签检查器(T)	F9
行为(E)	Shift+F4
历史记录(H)	Shift+F10
框架(M)	Shift+F2

图 8-69　选择"框架"菜单

步骤 2：可以看到已经将"框架"面板打开，如图 8-70 所示。

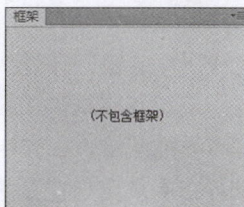

图 8-70　"框架"面板

步骤 3：如果要选择某框架，可以将鼠标指针移动至准备选择的框架中，单击即可选择该框架。

步骤 4：如果要选择框架集，将鼠标指针移动至框架集的外边框，单击即可。这样即可完成在"框架"面板中选择框架或框架集的操作。

2. 在文档窗口中选择

在文档窗口中，如果框架被选择后，框架的边框将呈现虚线样式；如果框架集被选中后，框架集内各框架的所有边框将呈现虚线样式。

如果需要选择不同的框架或框架集，用户可以使用以下方法：

（1）需要选择父框架集，可以在按住 Alt 键的同时，按向上方向键，即可选择当前框架集的父框架集。

（2）需要选择当前框架集的第一个子框架或框架集，可以在按住 Alt 键的同时，按向下方向键，即可选中框架集中的子框架或框架集。

（3）需要在当前内容上选择下一框架或框架集，可以在按住 Alt 键的同时，按方向键，即可选中与当前内容相邻的框架或框架集。

8.3.3 设置框架和框架集属性

在创建好框架或框架集之后，即可对框架或框架集的属性进行相应的设置。

1. 设置框架的属性

在对框架或者框架集进行设置的时候，首先要先选取框架，然后在"属性"面板中设置选中框架的属性，如图 8-71 所示。

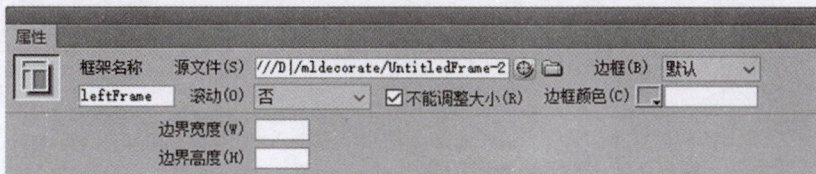

图 8-71　"属性"面板

在"框架"面板中，用户可以对各个参数进行以下设置。

"框架名称"：用于命名当前框架文件，命名框架名称不能使用特殊符号。

"边界高度"：用于设置框架的高度。

"边界宽度"：用于设置框架的宽度。

"源文件"：单击该文本框右侧的文件夹按钮，在弹出的"选择 HTML 文件"对话框中选择框架文本框的源文件，单击"确定"按钮。

"滚动"：单击该下拉列表框右侧的下拉按钮，在弹出的菜单中包括"是"、"否"、"自动"和"默认"菜单项，选择任意菜单项用于设置在框架中是否使用滚动条。

"边框"：单击该下拉列表框右侧的下拉按钮，在弹出的菜单中包括"是"、"否"和"默认"菜单项，选择任意菜单项用于设置在文档窗口中是否显示框架的边框。

"边框颜色"：单击"边框颜色"下拉按钮，在弹出的颜色调板中选择任意色块用于设置框架的边框颜色。

"不能调整大小"：用于指定足否重定义框架的尺寸，启用当前复选框将无法使用鼠标指针拖曳框架的边框大小。

2. 框架集的属性设置

在 Dreamweaver CS6 软件中，用户还可以设置框架集的属性，首先在框架面板中，选中框架集，此时，"属性"面板将显示框架集的属性，如图 8-72 所示。

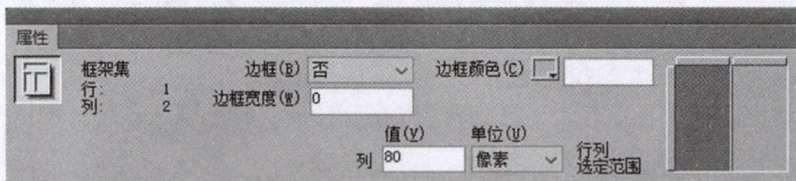

图 8-72　框架集的属性

在框架集"属性"面板中，用户可以对各个参数进行以下设置。

"框架集"：在框架集区域中显示的当前框架集的信息，包括行数信息和列数信息。

"边框"：单击该下拉列表框右侧的下拉按钮，在弹出的菜单中包括"是"、"否"和"默认"菜单项。

"边框颜色"：单击"边框颜色"下拉按钮，在弹出的颜色调板中，选择框架集的边框颜色。

"边框宽度"：在该文本框中输入宽度的数值，用于设置框架集中边框的宽度数值。

"列"：在"列"区域中，包括"值"文本框和"单位"下拉列表框，用于设置框架集的数值和数值单位。

"框架预览"：在该区域显示了当前框架集的预览图，框架集的结构图显示在框架预览区域中。

8.4　模板

8.4.1 创建模板

在网页制作中，为了同站风格的统一，经常会创建相同布局的网页，为了避免重复制作，以可以使用模板来创建网页。

在 Dreamweaver CS6 中，用户可以直接创建新的网页模板，以方便制作网页，下面详细介组新建网页模板的操作方法。

步骤1：启动 Dreamweaver CS6 程序单击"文件"菜单，在弹出的下拉菜单中，选择"新建"菜单，如图 8-73 所示。

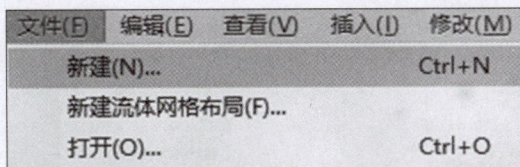

图 8-73 选择"文件"→"新建"菜单

步骤2：弹出"新建文档"对话框，选择"空白页"选项，在"页面类型"列表框中选择"HTML 模板"列表项，单击"创建"按钮，这样即可完成新建网页模板的操作，如图 8-74 所示。

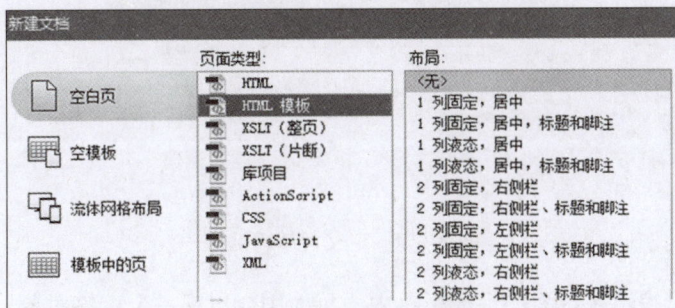

图 8-74 新建网页模板

8.4.2 使用和设置模板

1. 定义摸板中的可编辑区域

模板创建完成后，一般都需要为模板定义可编辑区域，控制可以编辑的页面区域，下面将通过实例介绍其具体操作方法。

步骤1：打开 job.dwt 素材文件，选择需要定义为可编辑区域的区域，如图 8-75 所示。

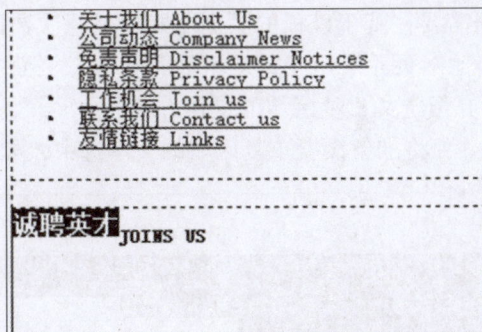

图 8-75 选择编辑区域

步骤 2：在菜单栏中单击"插入"菜单，在弹出的下列菜单中选择"模板对象"→"可编辑区域"命令，如图 8-76 所示。

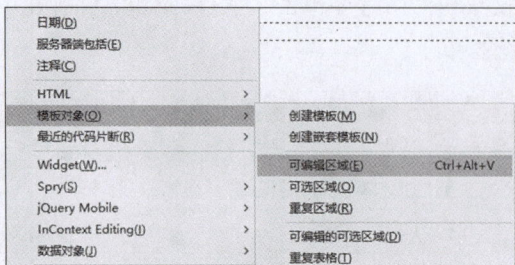

图 8-76 启动可编辑区域功能

步骤 3：打开"新建可编辑区域"对话框，输入可编辑区域的名称，单击"确定"按钮，如图 8-77 所示。

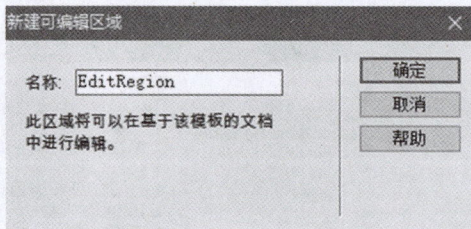

图 8-77 定义可编辑区域

步骤 4：将可编辑区域添加到模板页中，页面中会出现一个标签对象，如图 8-78 所示。

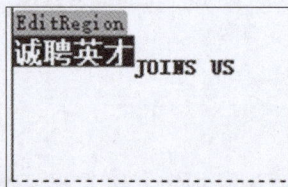

图 8-78 查看定义的可编辑区域后的页面。

2. 创建模板中的重复区域

重复区域是能够根据需要在基于模板的页面中赋值任意次数的模板部分，重复区域通常用于表格，也能够为其他网页元素定义重复区域。在静态页面中，重复区域的概念在模板中常被用到。下面详细介绍定义重复区域的操作方法。

步骤 1：打开素材文件，将准备设置重复区域的文本选中，如图 8-79 所示。

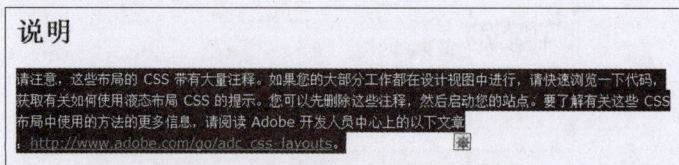

图 8-79 选中准备设置重复区域的文本

步骤 2：单击"插入"菜单，在弹出的下拉菜单中选择"模板对象"菜单，在弹出的子菜单中，选择"重复区域"子菜单，如图 8-80 所示。

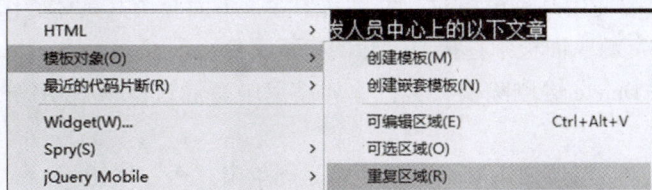

图 8-80 选择"重复区域"子菜单

步骤 3：弹出新建重复区域"对话框，在"名称"文本框中，输入准备使用的名称，单击"确定"按钮，如图 8-81 所示。

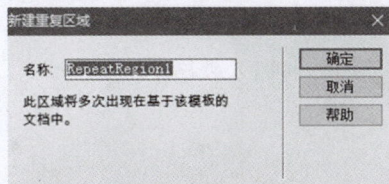

图 8-81 "新建重复区域"对话框

步骤 4：通过以上方法，即可完成创建模板中重复区域的操作，如图 8-82 所示。

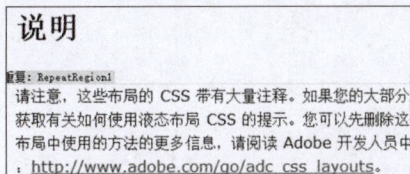

图 8-82 创建模板中重复区域的效果

8.4.3 管理模板

Dreamweaver CS6 软件中的管理模板分为更新模板、分离模板和删除模板，下面分别对其进行介绍。

1. 更新模板

当用户在网页中创建了模板文档后，如对所创建的模板中某部分并不满意，可对其进行修改。对模板进行修改并进行保存时，Dreamweaver CS6 软件会打开"更新模板文件"对话框提示是否更新站点中使用该模板创建的网页，单击"更新"按钮即可更新通过该模板创建的所有网页，单击"不更新"按钮则只是保存该模板而不更新通过该模板创建的网页。

2. 分离模板

如果用户需要直接对网页模板进行编辑，可直接将网页文档中的模板分离。分离后的模板就如同普通的网页文档一样可以任意编辑，但更新原模板文件后，脱离模板后的网页是不会发生变化的，因为它们之间已没有任何关系。

分离网页模板的方法为打开用模板创建的网页，选择"修改"→"模板"→"从模板中分离"命令，即可使网页脱离模板。

3. 删除模板

如果用户不需要使用某种模板时，可将其删除，下面介绍其具体操作方法。

步骤 1 : 在"资源"面板中选择要删除的模板文件。

步骤 2 : 按住 Delete 键删除模板文件，如站点中有通过该模板创建的网页，则会打开一个对话框。

步骤 3 : 单击"是"按钮则删除，如不删除则单击"否"按钮。

8.5　思考与练习

1. 在 Dreamweaver CS6 软件中如何插入表格？

2. 什么是表单？

3. 如何创建表单？

4. 如何创建模板？

5. 如何设置模版？

第9章

规划布局网页

　　网页设计主要体现在配色、字体以及布局排版方面，这3个方面很好地结合就能制作出很漂亮的网站。因此，在进行网页设计时，需要对网页的版面布局进行整体的规划。在布局过程中，为确保网页美观大方，一般要遵循正常平衡、异常平衡、对比、凝视空白和尽量用图片解说等原则。比如，网页的白色背景太虚，可以加些色块；版面零散可以用线条和符号串联；左面文字过多，右面则可以插一些图片保持平衡；表格过于规矩可以改用导角，增强视觉效果。

◎ **学习目标**

1. 了解网页布局的基本概念。
2. 掌握使用表格布局网页的方法。
3. 掌握使用框架布局网页的方法。
4. 掌握使用 CSS+Div 布局网页的方法。

≫ 【课程导入】

如今，网页用户在注重网页内容的同时，还有便利的操作、较好的视觉效果等需求，只有当网页布局和网页内容成功结合时，这样的网页才能得到用户的认可。就像传统的报纸杂志一样，可以将网页看作是一张报纸、一本杂志来进行版面布局。如图 9-1 为某校电子工程系网页的的布局。

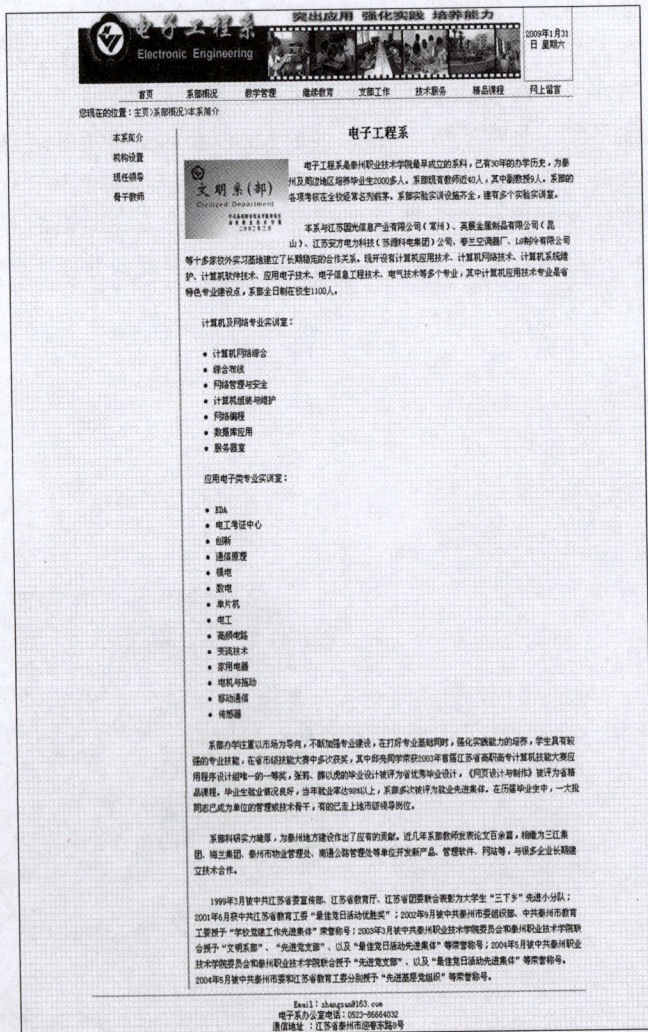

图 9-1 某生物工程公司网站

网页布局能够使网页页面整齐、有序、美观，并且能够帮助读者很好的了解网页信息，本章主要介绍表格、框架、CSS+Div 布局规划页面。

9.1　网页布局概述

9.1.1 网页布局的概念

网页布局是网页设计中的一项重要内容。网页指的是通过浏览器看到的完整的一个页面。因为每台电脑的显示器分辨率不同，所以同一个页面的分辨率可能出现 800×600 像素，1024×768 像素等。布局是指以最适合浏览的方式将图片和文字摆放在页面的不同位置。网页布局是指定网页内容在浏览器中的显示方式，例如徽标的位置、导航栏的显示、主要内容的排版等。

9.1.2 网页布局的设计原则

1. 连贯

连贯是指要注意页面的相互关系。网页设计中应利用各组成部分在内容上的内在联系和表现形式上的相互呼应，并注意整个网页设计风格的一致性，实现视觉上和心理上的连贯，使整个网页设计的各个部分极为融洽，犹如一气呵成。

2. 统一

统一是指网页设计作品的整体性、一致性。设计作品的整体效果是至关重要的，在设计中切忌将各组成部分孤立分散，那样会使画面呈现出一种枝蔓纷杂的凌乱效果。

3. 分割

分割是指将页面分成若干小块，小块之间有视觉上的不同，这样可以使观者一目了然。在信息量很多时，为使用户能够看清楚内容，设计制作者就要注意到将画面进行有效的分割。分割不仅是表现形式的需要。换一个角度来讲，分割也可被视为对于页面内容的一种分类归纳。

9.1.3 网页布局的功能

网页布局的功能主要体现在以下几点：

（1）合理的网页布局能够使网页容纳的信息量增大，使网页显得内容丰富。

（2）合理的网页布局能够吸引更多的用户去浏览，达到信息交流的目的。

（3）合理的网页布局能够使用户更容易找到自己需要的信息，节省用户时间，从而增大客户量。

9.1.4 常见的网页布局形式

网页设计讲究编排和布局，虽然网页设计不同于平面设计，但它们有许多相似之处，应加以利用和借鉴。网页的布局主要指网站主页的布局，其他网页的布局和主页基本一致。为了达到最佳的视觉效果，应注意整体布局的合理性，使用户有一个流畅的视觉体验。

常见的网页布局形式有"海报"型、"厂"字型、"国"字型等。

（1）"海报"型

"海报"型布局，如图9-2所示，就像我们平时见到的海报一样，网页中间是一幅很醒目、设计非常精美的图片，周围点缀着一些图片和文字链接。这种设计常用于一些时尚类和公司的首页，非常吸引人。但大量的运用图片导致网页下载速度很慢，而且提供的信息量较少。

图9-2　"海报"型布局

（2）"厂"字型

"厂"字型布局，网页的最上方是广告条，页面下方左边是菜单，右边显示页面内容，整体上类似汉字"厂"，所以我们称为"厂"字型布局。这种布局条理清晰、主次分明，非常适合初学者学习，但略显呆板。

（3）"国"字型

"国"字型布局又称"同"字型布局，如图9-3所示，网页的最上面是网站的标志、广告以及导航栏，接下来是网站的主要内容，左右分别列出一些栏目，中间是主体部分，底部则是网站的一些基本信息、联系方式和版权声明等。这种结构是国内一些大中型网站常见的布局方式。其优点是充分利用版面、信息量大；缺点是页面拥挤、不够灵活。

图9-3　"国"字型布局

9.1.4 网页布局的类型

网页布局主要有以下几种类型：
（1）表格布局。
（2）框架布局。
（3）CSS+DIV 布局。

9.2　使用表格布局

在网页设计中，表格以简洁明了和高效快捷的方式将网页设计的各种元素有序地组织在一起，使整个网页显示井井有条而不杂乱无章。

9.2.1 表格模式

在网页文档中，表格是用于整理复杂的数据内容，安排网页文档的整体布局。利用表格来设计网页的布局，可以不受网页形态的限制，并在不同分辨率下维持原有的页面布局。典型的利用表格设计的网页如图 9-4 所示。

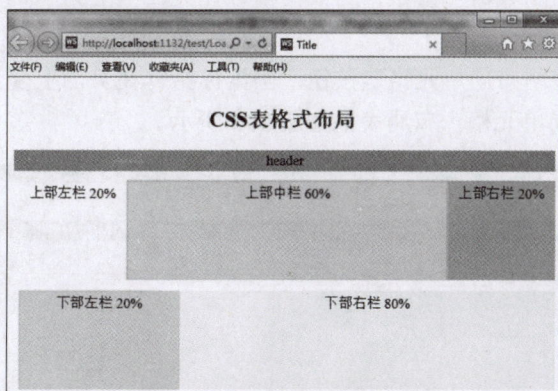

图 9-4　利用表格设计的网页

9.2.2 使用表格布局的步骤

表格是能将网页元素按设计者要求的方式显示的一种排版技术。通过单元格的拆分、合并以及在单元格中插入嵌套表格等方法对网页元素进行更细致的控制。下面将介绍其操作步骤如下：

步骤 1：插入一个表格，按照预先规划好的版面设计将表格划分为几个大的单元格，设置合适的宽度，边框设置为 0，使边框不可见，需要时可在单元格中插入嵌套表格，同样将边框设为 0，使边框不可见。

步骤 2：向各个单元格中加入网页元素，编辑完毕后保存文档。

9.2.3 使用表格布局时应遵循的原则

使用表格布局时应遵循以下原则：

（1）要规划好再运行，甚至要进行无数次的实验和重复运行才能制作出好的页面框架。

（2）从外向内布局表格，即先建立最大的表格，再在它内部创建嵌套的较小表格。

（3）在外部使用像素数值法，在内部使用相对百分比方法。

9.2.4 在布局模式下插入表格和单元格

为了简化使用表格进行页面布局的过程，Dreamweaver CS6 软件提供了布局模式。在布局模式下，使用布局表格作为基础结构来设计网页，在布局表格中创建布局单元格，然后插入网页元素。在布局模式下，使用表格进行布局具有定位简单、容易调整等优点。例如：在布局模式中可以在页面上方便地绘制布局单元格，可将这些单元格拖动到所需的位置；还可以方便地创建固定宽度的布局或自动伸展为整个浏览器窗口宽度的布局。

绘制布局表格与布局单元格的方法如下。

首先从标准模式切换到布局模式：单击"插入"栏→"布局"选项→"布局模式"按钮。切换到布局模式后，就可以创建布局表格，并在其中添加布局单元格。要说明的是，布局单元格不能在布局表格之外，同一个布局表格中可放置多个布局单元格，布局表格可嵌套。下面我们介绍其具体操作步骤方法。

步骤 1：单击"绘制表格"按钮，当鼠标指针在页面上变为"+"形时，按下鼠标左键拖动可绘制布局表格。

步骤 2：单击"绘制布局单元格"按钮，当鼠标指针在页面上变为"+"形时，按下鼠标左键拖动可绘制布局单元格。布局表格如图 9-5 所示。

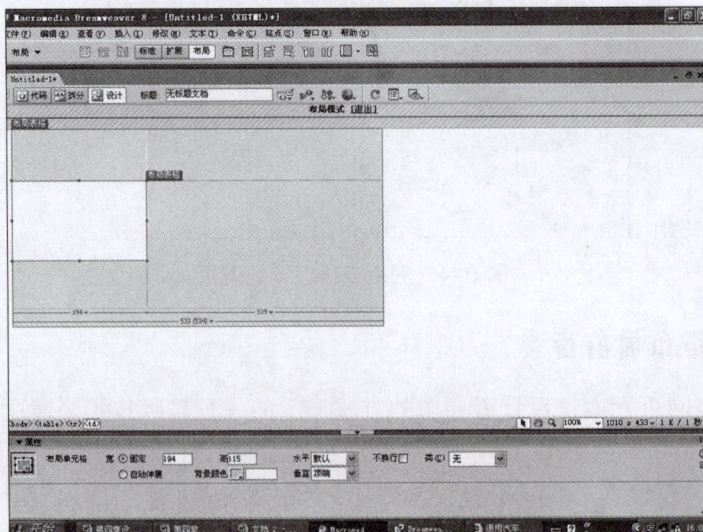

图 9-5　布局表格

【实例】

制作本章课程引入中的网页。

【实例分析】

设计制作用表格布局的系部概况栏各个网页。其中本系简介网页包含：

纵向排列的页头、正文区、页脚，各区均居中对齐，宽 760 像素，无边框。

页头中包含内容为动画 dzx.gif、当前日期和星期、导航栏（首页、系部概况、教学管理、继续教育、支部工作、技术服务、精品课程、网上留言）、导航栏与正文区的橙色分隔。

正文区包括上下 2 部分，其中上部分是您现在的位置，下部分分左中右三栏，左栏为 2 级栏目标题（本系简介、机构设置、系部领导、骨干教师），中栏为垂直橙色分隔线，右栏为具体内容介绍。

页脚包含内容为橙色水平线、EMAIL、通信地址等信息。

其效果图如图 9-1 所示。

【具体操作】

1. 表格布局

（1）网页文档初始设置

新建网页文档 bxjj.html，标题为"本系简介"，保到站点根目录下的 xbgk 子文件夹中。定义保存到 dzx.css 文件（存放在站点根目录下）中的 CSS 样式如下：

```
body {
    font-family:" 宋体 ";
    font-size:12px ;
    background-image: url (img/bg.gif);
}
td {
    font-family:" 宋体 ";
    font-size:12px ;
}
a {
    color: #000000 ;
    text-decoration: none ;
}
a:hover {
    color: #ff0000 ;
    text-decoration: none ;
    font-weight: 550 ;
}
```

（2）设计制作页头

设计页头为 3×3 表格。

在当前网页文档中插入 3×3 表格，其宽度数值为 760px，表格的 3 个参数（填充、间距、边框）数值均为 0，表格居中对齐。

说明：

①表格的属性除可在图9-6所示的插入表格对话框中设置外，也可在插入后通过表格属性面板进行，如图9-7所示。

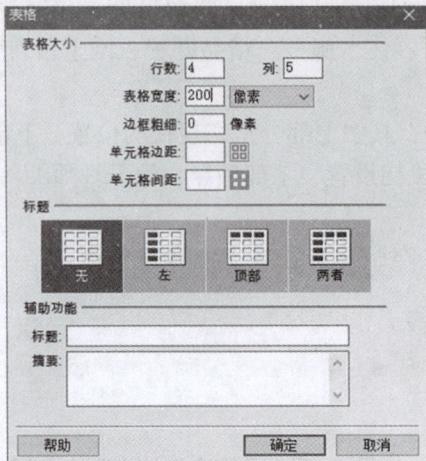

图9-6   "表格"对话框

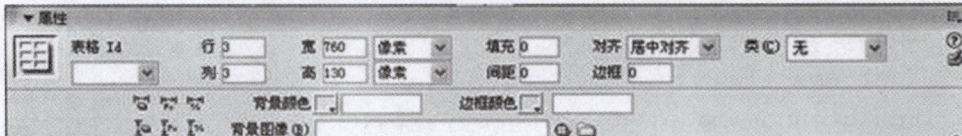

图9-7   表格属性面板

其中的 ![icon] 清除行高按钮、![icon] 清除列宽按钮用来将表格的 HTML 源代码中的高度和宽度值删除。

②需要注意的是，如果属性面板上的填充域、间距域为空，则并不表示其值为0像素，事实上，此时填充（即单元格边距）为1像素，间距为2像素。

根据需要选择页头表格、行、列或单元格，使用属性面板将表格第1行高度设置成100像素，第一列单元格宽度680像素，第2列单元格宽度5像素。定义 CSS 类样式使第3列单元格加上1像素厚的橙色边框。

使用属性面板上的合并单元格按钮 ![icon] 分别合并表格的第2行和第3行，并设置第2行的高度为5像素。

在表格第3行中插入2×8的宽700像素的子表格，表格的3个参数均设置成0像素。再合并该子表格的第2行，并设置该行背景为 #ff6600 同时删除该行源代码中的 " ;"。

说明：

①上述设置第2行和第2列的高度和宽度为5像素，是为了防止表格内容之间排列过于紧密而调整的行或列单元格之间的间距。

②如果要设置的行、列或单元格的宽度或高度值是以 % 为单位，则可直接在属性面板的宽、高域中同时输入值和 %。

③与 ▢ 合并单元格按钮功能相反，▥ 按钮可以用来拆分单元格。

④ ；是空格字符的"实体参考"源代码，它会占用半个汉字的空间，如果需要设置的行高或列宽较小，应该删除之。

（3）设计制作正文区

设计正文区为 3×4 表格。

在页头下方插入 3×4 表格，其宽度为 760 像素，表格的 3 个参数（指填充、间距、边框）均为 0 像素，表格居中对齐。

分别合并表格的第 1 行和第 2 行，并设置第 2 行高度 5px，同时删除第 2 行源代码中的" ；"。

在表格第 3 行第 1 列单元格中靠上插入宽 100% 的 4×1 的表格。设置第 3 行第 2 列单元格宽度为 2 像素、背景为图片 line-Y.gif，同时删除其源代码中的" ；"。设置第 3 行第 3 列单元格宽度为 10 像素。

说明：

①设置单元格中内容的水平或垂直对齐方式，可使用属性面板（见图 9-8）进行，即先将光标置于待处理的单元格中，再设置"水平"或"垂直"参数值。

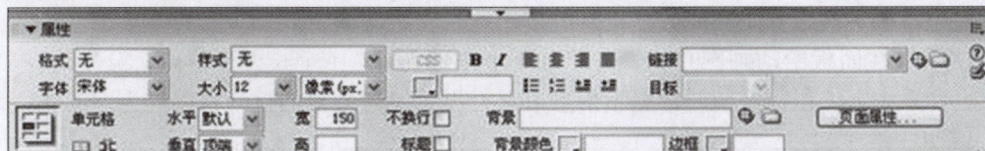

图 9-8　单元格的属性面板

②图 9-11 中，"不换行"复选框指防止单元格内文字折行。这会导致单元格扩宽以容纳你输入或粘贴进来的所有数据。通常，单元格先水平扩大以容纳最长的单词，然后垂直扩大。"标题"指以加粗形式显示。

（4）设计制作页脚

设计页脚为 4×1 表格。

在正文区下方插入 4×1 表格，其宽度为 760 像素，表格的 3 个参数（指填充、间距、边框）均为 0 像素，表格居中对齐。

在表格第 1 行中插入水平线，并设置高度为 1、颜色为 #ff6600。

说明：

设置水平线的颜色可使用"标签检查器"功能面板进行，即先使用状态栏的标记选择器选中 <hr>，再在编辑区右边的"标签检查器"功能面板上进行设置。

（5）表格布局效果图

经过上述设计制作后的网页布局效果图如 9-9 所示。

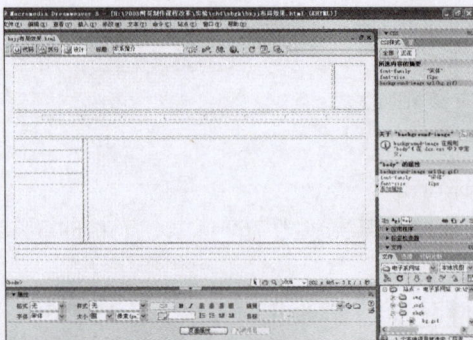

图 9-9　表格布局效果图

2. 表格内容排版处理

（1）处理页头

在第 1 行第 1 列单元格中插入动画图片 dzx.gif，第 1 行第 3 列单元格中插入当前日期和星期，并通过属性面板设置其水平、垂直居中对齐。

在嵌套的 2×8 子表格第 1 行各个单元格中分别插入导航栏的各个标题：首页、系部概况、教学管理、继续教育、支部工作、技术服务、精品课程、网上留言，各个标题根据需要设置超链接，尚未开发完成的栏目其链接地址暂时设置成"#"。

使用属性面板给动画图片 dzx.gif 添加 1 个圆形热点、1 个长方形热点，分别链接到学院主页和系主页，鼠标停留时的提示信息可自行设置，超链接的打开目标均为 _blank。

说明：

①图像地图或热点（Image Map）是一幅被划分为若干区域的图像，单击"热点"时链接网页就会显示出来。图像地图可以分为服务器端图像地图和客户端图像地图。由于服务器端图像地图存在不少缺点，现已被客户端图像地图取代。客户端图像地图将超链接信息存放在 HTML 文档中，当用户单击图像中的一个热点时，相关的 URL 将被直接发送到服务器。这就使得客户端的图像地图比服务器端的图像地图更快，因为服务器不需要解释用户单击何处。

可以在同一文档中使用服务器端和客户端图像地图。对两种类型图像地图都支持的浏览器将给予客户端图像地图优先权。

②定义热点后，还可以对热点的位置、大小、形状进行调整。单击热点打开热点属性面板。

③选择多个热点的方法：按住 Shift 键单击各热点。执行"修改"→"排列顺序"命令，可以设置左对齐、右对齐、顶部对齐、底部对齐热点，或使几个热点的宽度和高度相同。

④包含热点的图像 HTML 代码：

```
<img src="../img/dzx.gif" width="680" height="100" border="0"usemap="#Map" />
<map name="Map" id="Map">
<area shape="circle" coords="47, 44, 36" href="http://www.tzpc.edu.cn/" target="_blank" alt="" 学院主页 " />
<area shape="rect" coords="84, 6, 275, 52" href="../index.html"target="_blank" alt=" 电子系主页 " />
</map>
```

（2）处理正文区

在表格的第1行插入"您现在的位置：主页＞系部概况＞本系简介"，并给主页加上超连接，位置内容字体用蓝色。

在嵌入的4×1表格的各个行中分别放置各个二级标题，即本系简介、机构设置、系部领导、骨干教师，均水平居中对齐，同时给各个标题加上超链接，超链接自行设置，超链接目标均为_self。

在内容区域，输入系部的概况，包括居中放置的"电子工程系"标题和一些图片、文字内容等。定义CSS样式设置一定的行高并加以应用。

（3）处理页脚

在表格的各行中分别插入EMAIL、联系电话、通信地址等信息并居中对齐，其中EMAIL超链接到你的EMAIL邮箱地址。

3.使用框架布局

在网络带宽有限的情况下，如何提高网页的下载速度，是设计网页时必须考虑的问题。如果多个网页拥有相同的导航区，只是内容有所不同，则可以考虑使用框架来设计网页布局。这样用户在查看不同内容时，便无需每次都下载整个页面，而可以保持导航部分不变，只下载网页中需要更新的内容部分即可，从而能够极大地提高网页的下载速度。这样的网页又为框架页，其最典型的应用便是当前十分流行的各种论坛。

框架可以把一个浏览器窗口划分为多个区域，每个区域均显示不同的网页，这个特性使其成为常用的一种页面排版技术。

使用框架布局网页文档最简便的方法就是创建框架网页文档，此外，对于普通的HTML网页文档，也可以应用框架。

【实例】

设计制作用框架布局的支部工作栏主页index.html，主页效果如图9-10所示。

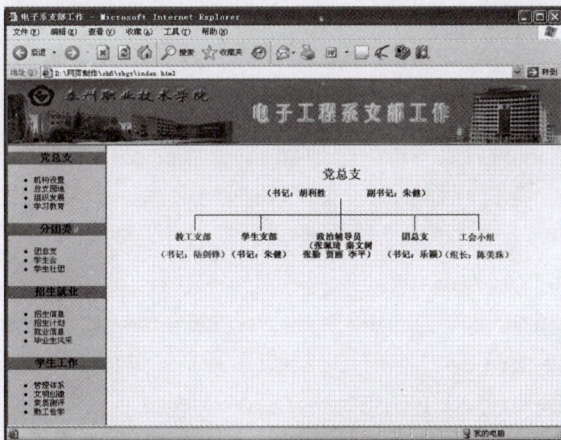

图9-10　主页效果图

【实例分析】

网页采用Top left型框架布局，并采用CSS样式处理网页效果。其中，top框架中包含图片zbgz.gif；left框架中包含二级和三级标题，即党总支（机构设置、总支园地、组织发展、学习教育）、分团委（团总支、学生会、学生社团）、招生就业（招生信息、招生计划、就业信息、毕业生风采）、学生工作（管理体系、文明创建、素质测评、勤工俭学）；main 框架中显示 left 中各个三级标题对应的具体内容，初始时显示机构设置。

【具体操作】

（1）选择框架集类型创建支部工作栏主页 index.html

在站点中新建 zbgz 文件夹，以下所有文件均保存到该文件夹中。

执行"文件"菜单项→"新建"命令，在"常规"选项卡中选择"框架集"类别并选择"上方固定，左侧嵌套"框架集（即 Top left 型）创建框架布局的网页，再在编辑窗口执行"文件"→"保存全部"菜单命令，在弹出的如图 9-11 所示的第 1 个"另存为"对话框的"文件名"域中输入 index.html，即框架集对应的文件，单击"保存"按钮后又弹出第 2 个"另存为"对话框，从编辑窗口的双选择线可以判断此时要保存的是 main 框架对应的文件，输入 main.html 后保存，接着依次保存 left.html 和 top.html。

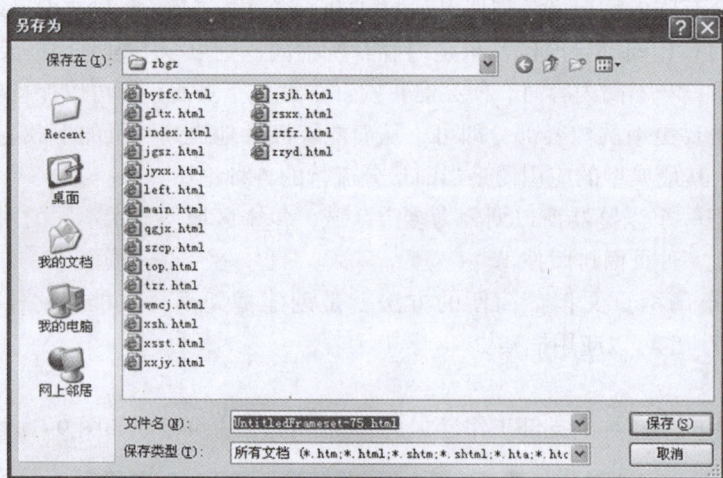

图 9-11　"另存为"对话框

说明：

①任一框架集包含的网页数为框架个数加 1，在浏览器中最先打开的是框架集网页。

②框架集关闭后重新打开编辑时，看不到框架边框，不便于编辑，可执行菜单命令"查看"→"可视化助理"→"框架边框"使其处于选中状态即可。

③框架集的 HTML 代码为：

```
<frameset rows="100,*" cols="*" framespacing="2"
frameborder="yes" border="2" bordercolor="#FF0000">
    <frame src="top.html" name="top" frameborder="no"
scrolling="NO" noresize id="top">
    <frameset rows="*" cols="150,*" framespacing="2"
frameborder="yes" border="2" bordercolor="#FF0000">
    <frame src="left.html" name="left" frameborder="no"
scrolling="auto" noresize id="left">
```

```
<frame src="main.html" name="main" frameborder="no"
scrolling="auto" id="main">
</frameset>
</frameset>
```

（2）设置网页标题

打开编辑区右侧的框架功能面板，点击最外圈的粗三维立体边框选中框架集网页，在编辑窗口设置网页标题为"电子系支部工作"。

说明：

①框架功能面板其实是框架集的结构缩略图，它为灵活选择框架和框架集提供了极大方便，读者应学会熟练使用。任一粗三维立体边框均代表一个框架集，单击任一灰色区域可以选中对应的框架，此时在编辑界面可以看到框架周围以虚线显示。

②由于在浏览器中最先打开的是框架集，地址栏中显示的也是框架集文件名，因此必须设置好框架集标题，这样在浏览器的标题栏才能正确显示网页标题。至于各个框架文件的标题则无须设置。

（3）设置框架集和框架属性

单击框架功能面板最外圈的粗三维立体边框选中框架集，在属性面板上设置框架集的属性如图 9-12 所示。

图 9-12　框架集属性面板

单击框架功能面板内部的粗三维立体边框选中内部的嵌套框架集，在属性面板上设置框架集的属性如图 9-13 所示。

图 9-13　内部嵌套框架集属性面板

分别单击框架功能面板上的灰色区域选中 top、left、main 框架，在属性面板上设置框架的属性如图 9-14、图 9-15、图 9-16 所示。

图 9-14　框架 top 属性面板

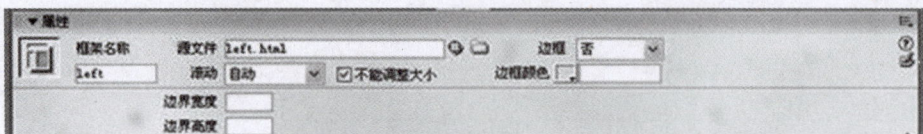

图 9-15　框架 left 属性面板

图 9-16　框架 main 属性面板

说明：

①使用框架集属性面板可以设置边框和框架大小，其上的缩略图用于选择其中的包含的某个特定框架，当框架选择后再通过"行"或"列"域中的值设置其高度或宽度。

当框架集修改后，执行"文件"→"保存框架页"菜单命令保存所做的修改，或者执行"文件"→"保存全部"菜单命令一次保存全部的文件。

②使用框架属性面板可设置框架属性。设置的框架属性会覆盖在框架集中设置的相应属性。例如，设置某框架的边框颜色属性后，将会覆盖在框架集中设置的边框颜色属性。

"边界宽度"和"边界高度"指框架中内容分别距离左右边界线和上下边界线的距离。

"边框"用来决定当前框架是否显示边框（默认：大多数浏览器处理成"是"）。

"边框颜色"是用来设置与当前框架比邻的所有边框的颜色。

③框架名称和框架中显示的源文件名是不一样的，前者指框架的名称，在超链接的目标窗口中可以指定这一名称用于决定超链接网页显示的目标区域，而后者只是指网页文件名。

（4）各个框架内容排版处理

在 Top 框架中插入图片 zbgz.gif，宽度 100%。定义 CSS 样式 body{　　margin: 0px ; }。

在 Left 框架中插入二级和三级标题，即党总支（机构设置、总支园地、组织发展、学习教育）、分团委（团总支、学生会、学生社团）、招生就业（招生信息、招生计划、就业信息、毕业生风采）、学生工作（管理体系、文明创建、素质测评、勤工俭学）。其中二级和三级标题格式为"标题 4"，各个三级标题以项目列表显示。

在 Left 框架中定义 CSS 样式：

```
body {
    margin-left: 0px ;
    margin-top: 10px ;
    margin-right: 0px ;
    margin-bottom: 0px ;
    background-color: #c6ebff ;
    font-size: 12px ;
}
```

```
h4 {
    background-image: url(../img/bg2.gif);
    background-repeat: repeat-x;
    line-height: 20px;
}
a {
    text-decoration: none;
    color: #000000;
}
```

在 main 框架中附加 dzx.css 样式表文件，并输入内容"这是内容显示区域，点击左边的标题将会显示对应的内容"。

保存好各个框架文件。

说明：

当框架内打开的网页文件修改后，要及时保存框架文件。保存时可先在要保存的框架内单击，再执行"文件"→"保存框架"菜单命令，或者执行"文件"→"保存全部"菜单命令，一次保存全部的文件。

（5）创建各个三级标题对应的网页

分别创建 left 框架中各个三级标题对应的普通网页，同时给各个网页附加 dzx.css 样式表文件并输入相关内容。

（6）设置三级标题链接

给 left 框架中各个三级标题设置超链接及目标窗口 main。

说明：

当框架中包含超链接文本或图像时，其链接网页显示的窗口既可以是新窗口，也可以是当前某个框架。用户可设置超链接的"目标"（target）。

_blank：在新窗口中打开链接网页。

_parent：在当前框架的父框架中打开链接网页。

_self：在当前框架中打开链接网页。

_top：在当前窗口中打开链接网页，并清除所有框架。

框架名或自行命名：在相应的框架或命名窗口中打开链接网页。

（7）编辑无框架内容

执行"修改""框架页"→"编辑无框架内容"菜单命令后在编辑窗口输入"本支部工作系列网页使用了框架，但你的浏览器不支持它，请升级浏览器！"，完成后再执行"修改"→"框架页"→"编辑无框架内容"关闭当前编辑窗口即可。或直接在框架集代码中进行内容输入。其 HTML 代码如下：

```
<noframes><body>
```

本支部工作系列网页使用了框架，但你的浏览器不支持它，请升级浏览器！`</body>`
`</noframes>`

9.3 使用 CSS+Div 布局

9.3.1 认识 Div

CSS 层叠样式表的基本构造块是 Div 标签，该标签是 HTML 中的一个标记，可以作为页面元素的一个容器。在创建 CSS 样式时，需要先把 Div 标签插入到页面中，然后再对 Div 标签中添加的内容进行操作。

1.Div 标签概述

Div 标签用来为 HTML 文档提供存放元素的块，它在起始标签和结束标签之间所有的内容都是用来构造这个块，其中包含元素的特性是由 Div 标签的属性控制，其语法格式为：<Div>< / Div>。

同时，通过 Div 标签可以将页面分隔成独立的、不同的部分，使网页内容结构化与模块化。

2. 插入 Div 标签

在网页中插入 Div 标签，与插入其他 HTML 元素一样，用户可以直接在代码视图中手动输入标签，也可以通过 Dreamweaver CS6 软件中的“插入”面板来快速插入 Div 标签，其具体操作如下。

步骤 1：打开 index.html 素材文件，在代码视图中选择需要包含在 <Div> 标签里面的网页元素，如图 9-17 所示。

```
                      
XX公司拥有各类先进制衣设备和优厚的基础设施，拥有一支数千人的精良队伍。公司按国际质量体系进<br/>
                   
行先进的生产管理，生产原料的严格筛先，生产过程的全程控制，保证了产品的高质量和骄人的市场业 <br/>
               
绩，随着公司关于 ISO-9001 国际质量体系认证和环境质量体系认证进入验收实施阶段，企业的产品品质 <br/>
            
和服务质量将得到更大程度提升。公司自主研发设计生产的各类高中档西服、职业装、工装、校服、医疗服  <br/>
          
装、广告 T 恤、文化衫及各行业服务用装，已服务于省内外众多著名企业集团，各类服饰产品为各大市场<br/>
        
畅销品。我们将进一步依托高素质的员工队伍，先进精良的生产设备，通过诚信创新的营销服务，争做中国服饰<br/>
     
第一品牌。我们这支团结而奋进的团队，在最大限度地张扬着年轻、激情、独特的个性，进步、发展、无不处处挥<br/>
  
洒美泰来人永争第一的壮志与豪情。
```

图 9-17 选择网页元素

步骤 2：打开“插入”面板，在“常用”选项卡中单击“插入 Div 标签”按钮，如图 9-18 所示。

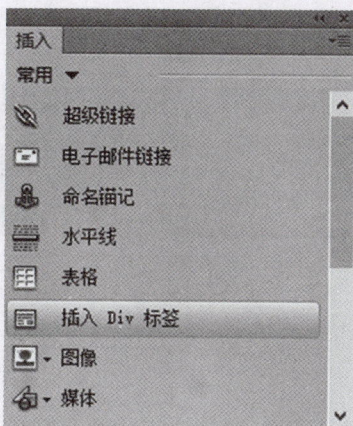

图 9-18 单击"插入 Div 标签"按钮

步骤 3：打开"插入 Div 标签"对话框，在"插入"下拉列表框中选择"在选定内容旁换行"选项，在"类"文本框中输入类名，单击"确定"按钮，如图 9-19 所示。

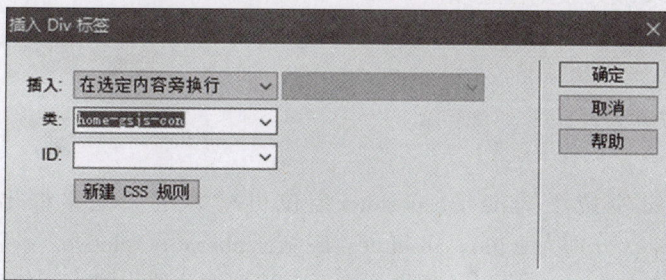

图 9-19 设置 Div 标签参数

步骤 4：此时，在代码视图中，用户可以查看到添加的类名为 home-gsjs-con 的 Div 标签，如图 9-20 所示。

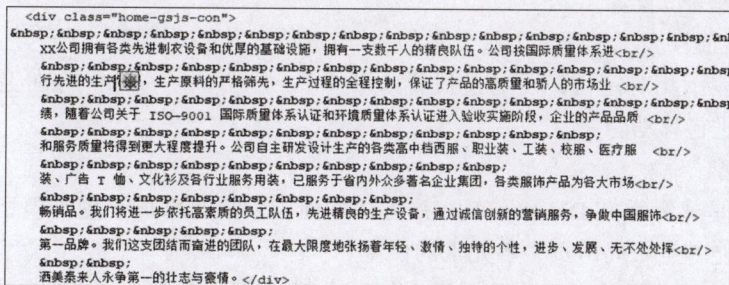

图 9-20 预览 Div 标签效果

步骤 5：切换到设计视图中，即可直接对添加了 Div 标签的网页元素进行选择，该网页元素如同装进了一个盒子中，如图 9-21 所示。

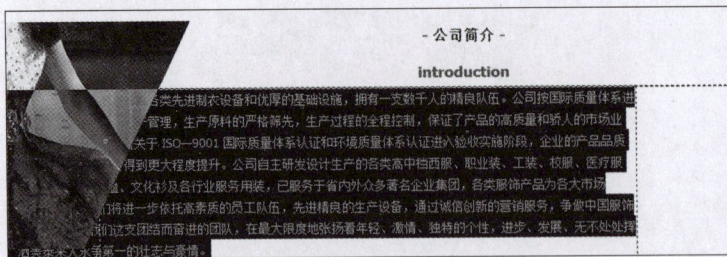

图 9-21　快速选择 Div 标签中的元素

9.3.2 Div 定位方法

布局前需要对 CSS 进行定位，这样才能更准确地对网页进行布局。

1. float 定位

float 定位即浮动定位，可实现页面中各元素的显示方式，而 div 的布局通常也采用 float 定位来进行控制。下面介绍 float 的各项参数。

inherit：继承父级元素的浮动属性。

left：向左浮动。

none：默认值。

right：向右浮动。

2. position

position 与 float 定位不同的是，position 定位可精确定义元素框出现的相对位置。position 属性有 5 个，分别为 static、absolute、fixed、inherit 和 relative。

static：该属性为 position 的默认属性，表示保持在原位置，没有任何移动效果。

absolute：该属性表示绝对定位，可使用 top、right、bottom 和 left 对元素的上、右、下、左 4 个方向的距离值进行确定。

fixed：该属性表示悬浮效果，可使元素固定在屏幕的某个位置，且在浏览时不会随滚动条的滚动而改变位置。

inherit：该属性表示继承其上级元素的 position 值。

relative：表示相对定位，可通过设置水平（left）或垂直（top）方向上的距离，让元素相对于起点进行移动。

2. 盒子模型

盒子模型是熟练掌握 Div 和 CSS 布局方法的前提，只有掌握了盒子模型的每个元素的使用方法，才能随意布局网页中各元素的位置。

盒子模型的原理是将页面中的元素看作一个装了东西的盒子。一个盒子由 margm（边界）、border（边框）、padding（填充）和 content（内容区域）组成。下面分别对每个部分的含义及定义方法进行讲解。

（1）margm

margm 表示元素与元素之间的距离，用户设置盒子的边界距离时，可对 margin 的以下属性进行设置。

top：上边距的边界值。

right：右边距的边界值。

bottom：下边距的边界值。

left：左边距的边界值。

margm 的值可以在 HTML 代码中直接设置，也可在"CSS 规则定义"对话框中选择"方框"选项卡，然后在打开窗格中的 Margin 栏中进行相应的设置即可。

设置 margin 属性时最为常用的单位有数值、百分比和 auto。其中，数值用于设置顶端的绝对边距值，包括数字和单位；百分比用于设置相对于上级元素的宽度的百分比，可使用负值；auto 为该元素的默认值，表示自动获取边距值。

（2）border

border 用于设置确定范围的 HTML 标记（如 td、Div）边框。border 的属性有 color、width 和 style，在设置 border 时，需要合理搭配这 3 个属性的值才能达到美观的效果。下面介绍这 3 个属性的含义。

color：用于指定 border 的颜色，通常情况下采用十六进制进行设置，如黑色为 #000000，其方法与设置文本的 color 属性相同。

width：用于设置 border 的粗细程度，其值包括 Medium（默认值，一般情况下为 2 像素）、Thin（细边框）、Thick（粗边框）和 length（具体的数值，可自定义）。

style：用于设置 border 的样式，其值包括 dashed（虚线边框）、dotted（点划线边框）、double（双实线边框）、groove（雕刻效果边框）、hidden（无边框）、inherit（集成上一级元素的值）、none（无边框）和 solid（单实线边框）。

（3）padding

padding 用于设置 content 与 border 之间的距离，其属性主要有 top、right、bottom 和 left，且设置的方法与 margin 的设置方法相同，都可在 HTML 代码和"CSS 规则定义"对话框的"方框"选项卡中进行设置。

（4）content

content 表示盒子中的具体内容，可通过 width 和 height 的值来控制其大小。content 中的内容可为文本、图像或多媒体元素等，用户可根据需要进行添加。

9.3.3 AP Dvi 布局

1. AP 元素

在 Dreamweaver CS6 软件中，AP 元素（绝对定位元素）是分配有绝对位置的 HTML 页面元素，具体地说，就是 div 标签或其他任何标签。AP 元素可以包含文本、图像或其他任何可放置到 HTML 文档正文中的内容。

通过 Dreamweaver CS6 软件，用户可以使用 AP 元素来设计页面的布局。如可以将 AP 元素放置到其他 AP 元素的前后，隐藏某些 AP 元素而显示其他 AP 元素，以及在屏幕上移动 AP 元素；可以在一个 AP 元素中放置背景图像，然后在该 AP 元素的前面放置另一个包含有透明背景的文本的 AP 元素。

AP 元素通常是绝对定位的 div 标签，可以将任何 HTML 元素（如一个图像）作为 AP 元素进行分类，方法是为其分配一个绝对位置。所有 AP 元素都将在"AP 元素"面板中显示。

2. AP Div 布局

AP Div 是 HTML 中的重要组成元素之一，网页可以通过 AP Div 实现对页面的规划和布局。Div 元素是一个块元素，在其中间可以包含文本、段落、表格、章节等复杂的内容。

在页面中使用 div 标记的语法格式为：<div 参数 > 中间部分 < / div>。<div> 标记中的常用参数如下：

class 为本 HTML 文件范围内的标识符 class 类；

lang 为语言信息；

dir 为文字方向；

onclick 和 ondblclick 等是鼠标和键盘键各种事件发生时处理方法的定义。

9.4　思考与练习

1. 如何利用表格布局网页？
2. 如何利用框架布局网页？
3. 什么是 Div？
4. 如何利用 CSS+Div 布局？

第 10 章

添加网页特效

　　网页特效是指用程序代码在网页中实现的特殊效果或者特殊的功能的一种技术，是用网页脚本（javascript，vbscript）来编写制作动态的特殊效果。网页特效活跃了网页的氛围，有时会给人一种亲切的感觉。随着互联网技术的发展，用户对网站的要求也越来越高，不仅要求网页具有更快的下载速度，还要求网页具有更高的活力、更好的交互性等，这时纯粹的 HTML 就显得有些力不从心了。于是，引入了"行为"和 AP 元素。它们的出现为 Web 站点的交互性、页面特效等方面增色不少。

◉ 学习目标

1. 掌握使用网页行为添加网页特效的方法。
2. 掌握使用 AP 元素增加网页特效的方法。
3. 掌握使用 Spry 构件增强视觉效果的方法。

》【课程导入】

一个成功的网站，不仅需要搭建合理的结构、匹配丰富多彩的内容、得当的网页特效也会使网站更加吸引人。在 Dreamweaver CS6 软件中可通过网页行为、AP 元素和 Spy 构件等方法来添加网页特效，使用简单方便，效果明显。

本章将介绍各种网页特效的效果和添加网页特效的方法。

10.1　使用网页行为添加网页特效

10.1.1　什么是行为

1. 行为的定义

行为是用来动态响应用户操作、改变当前页面效果或执行特定任务的一种方法。行为是由对象、事件和动作构成。例如，当用户把鼠标指针移至对象或事件上时，这个对象或事件会发生预定义的变化或动作。事件是触发动态效果的条件；动作是最终产生的动态效果。动态效果可能是图片的翻转、链接的改变、声音播放等。用户可以为每个事件指定多个动作。动作按照其在"行为"面板列表中的顺序依次发生。

对象是产生行为的主体。网页中的很多元素都可以成为对象，比如整个 HTML 文档、图像、文本、多媒体文件、表单元素等。

在 Dreamweaver CS6 软件中，行为实际上是插入到网页内的一段 JavaScript 代码。

2. "行为"面板

使用"行为"面板可以为网页元素指定动作和事件，用户可以单击"窗口"菜单，在弹出的下拉菜单中选择"行为"菜单项，即可打开"行为"面板，如图 10-1 所示。

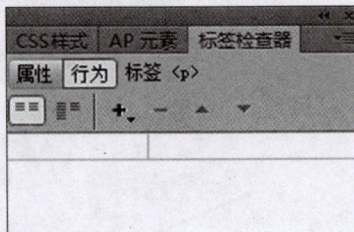

图 10-1　行为面板

在"行为"面板中，用户可以进行以下设置。

"添加行为"下拉按钮：单击此按钮，弹出动作菜单，添加行为。

"删除事件"按钮：在控制面板中删除所选的事件或动作。

"增加事件"按钮、"降低事件值"按钮：控制在面板中通过上、下移动所选择的动作来调整动作顺序。在"行为"面板中，所有时间和动作按照它们在面板中的显示顺序选择，设计时要根据实际情况调整动作顺序。

3. 应用"行为的方法"

通过单击"行为"面板中的"添加行为"下拉按钮，在弹出的下拉菜单中，选择相应的行为，即可在网页中应用指定的行为。

10.1.2 内置行为

1. 交换图像

"交换图像"行为用于实现当在页面的某个图像上发生预设事件时，该图像被另一图像代替，而当另外一项触发事件发生时，使其切换为原始状态的图像，下面介绍其具体操作方法。

步骤 1：打开"changeImage.html"网页文档，选择其中的图像。

步骤 2：选择"窗口"→"行为"命令，打开"行为"面板，单击"添加事件"按钮，在弹出的下拉列表中选择"交换图像"选项。

步骤 3：打开"交换图像"对话框，单击"浏览"按钮，在打开的对话框中选择 tux2.jpg 图像文件，单击"确定"按钮，如图 10-2 所示。

图 10-2　"选择图像源文件"对话框

步骤 4：返回"交换图像"对话框，单击"确定"按钮，此时"行为"面板中添加了 onMouseOut 和 onMouseOver 行为，如图 10-3 所示。

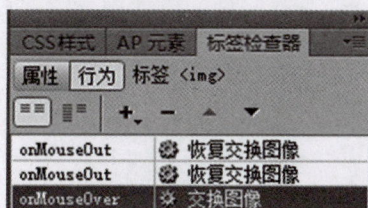

图 10-3　查看"行为"面板

步骤 5：保存并预览网页，此时将鼠标放在图像上即可切换到 tux2.jpg 图像文件；移开鼠标则恢复为原始的图像文件。

2. 预先载入图像

"预先载入图像"行为是将需要进行其他操作才能显示的图像预先载入，使其显示的效果更加快捷。在"行为"面板中单击"添加事件"按钮，在弹出的下拉列表中选择"预先载入图像"选项，在打开对话框的"图像源文件"文本框中输入图像文件所在的位置，或单击"浏览"按钮选择图像文件所在的位置即可，如图 10-4 所示。

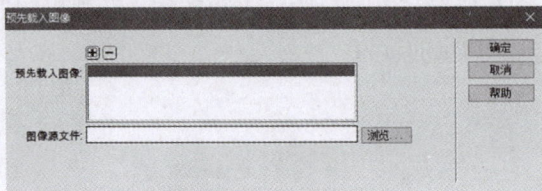

图 10-4　预先载入图像

3. 弹出信息

弹出信息用于在网页中打开提示对话框，给用户提供提示信息。添加"弹出信息"行为的方法：在文档中选择需要承载行为事件的网页元素，单击"行为"面板中的"添加事件"按钮，在弹出的下拉列表中选择"弹出信息"选项，在"弹出信息"对话框中设置提示内容，单击按钮完成设置即可，如图 10-5 所示。当在网页中进行预览时，即可看到打开的提示对话框。

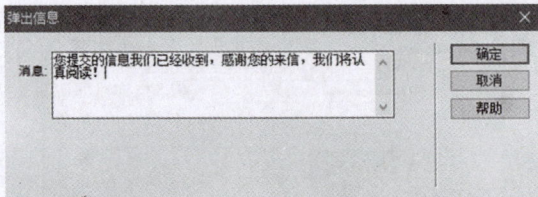

图 10-5　"弹出信息"对话框

4. 设置状态栏文本

"设置状态栏文本"可在浏览器窗口底部左侧的状态栏中显示消息。下面详细介绍设置状态栏文本的操作方法。

步骤 1：打开素材文件，在窗口左下角处单击 <body> 标签，如图 10-6 所示。

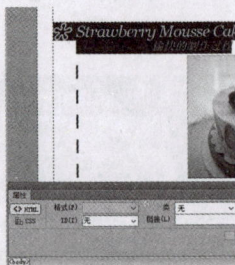

图 10-6　单击 <body> 标签

步骤 2：在"行为"面板中，单击"添加行为"下拉按钮，在弹出的下拉菜单中，选择"设置文本"菜单，在弹出的子菜单中，选择"设置状态栏文本"子菜单，如图 10-7 所示。

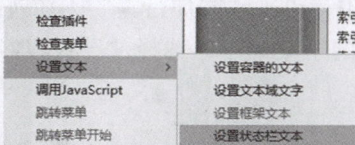

图 10-7　选择"添加行为"→"设置状态栏文本"

步骤 3：弹出"设置状态栏文本"对话框，在"消息"文本框中输入准备输入的文本，如"欢迎来到 Delicious!"，单击"确定"按钮，如图 10-8 所示。

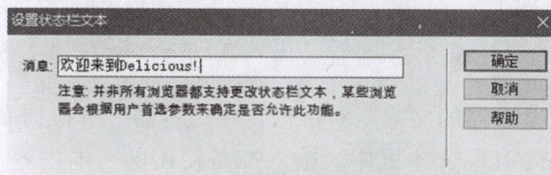

图 10-8　输入"欢迎来到 Delicious!"

步骤 4：保存页面，按 F12 键即可在浏览器中预览页面效果，如图 10-9 所示。

图 10-9　预览效果

5. 设置容器的文本

在应用容器文本的交互行为后，用户可根据指定的事件触发交互，将容器中已有的内容替换为更新的内容，下面详细介绍具体操作方法。

步骤 1：打开素材文件，单击"插入"菜单，在弹出的下拉菜单中，选择"布局对象"菜单，在弹出的子菜单中，选择"AP Div"子菜单，如图 10-10 所示。

图 10-10　选择"插入"→"布局对象"→"AP Div"

步骤 2：在插入的 AP Div 中输入文本，并进行相应的设置，在"属性"面板中的"溢出"下拉列表框中，选择"visible"列表项，如图 10-11 所示。

步骤 3：在"行为"面板中，单击"添加行为"下拉按钮，在弹出的下拉菜单中，选择"设置文本"菜单，在弹出的子菜单中，选择"设置容器的文本"子菜单，如图 10-12 所示。

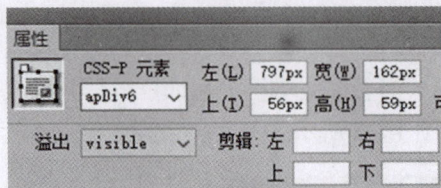

图 10-11　进行相关设置

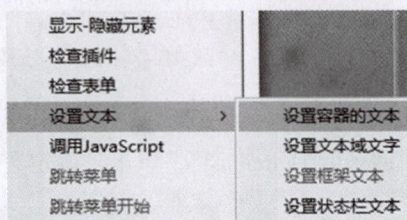

图 10-12　选择"设置容器的文本"子菜单

步骤 4：弹出"设置容器的文本"对话框，在"容器"下拉列表框中，选择刚刚插入的 AP Div，在"新建 HTML"文本框中，输入准备使用的文本内容，单击"确定"按钮，如图 10-13 所示。

步骤 5：在"行为"面板中，单击"触发事件"下拉按钮，将"触发事件"设置为 onClick，如图 10-14 所示。

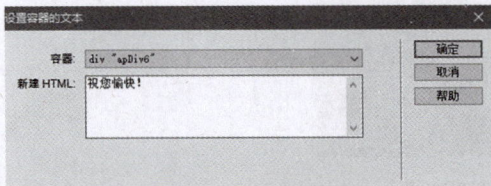

图 10-13　设置容器的文本

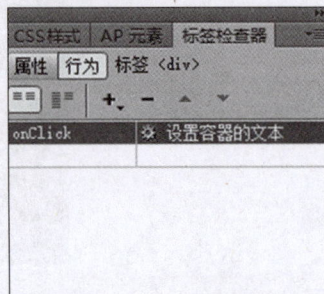

图 10-14　设置触发事件

步骤 6：保存文件，单击"在浏览器中预览"→"调试"下拉按钮，在弹出的下拉菜单中，选择"预览在 IExplore"菜单，如图 10-15 所示。

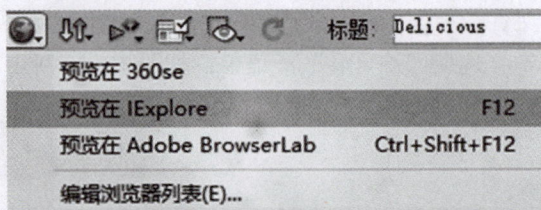

图 10-15　选择"预览在 IExplore"菜单

步骤 7：弹出浏览器，单击刚刚设置容器的文本，如图 10-16 所示。

步骤 8：可以看到文本已发生了改变，通过以上方法，即可完成设置容器的文本的操作，如图 10-17 所示。

图 10-16　单击设置容器的文本

图 10-17　预览效果

6. 跳转菜单

在"行为"面板中，如果准备使用跳转菜单行为，首先要创建一个跳转菜单。下面详细介绍其具体操作方法。

步骤 1：打开素材文件，单击"插入"菜单，在弹出的下拉菜单中，选择"表单"菜单，在弹出的子菜单中，选择"跳转菜单"子菜单，如图 10-18 所示。

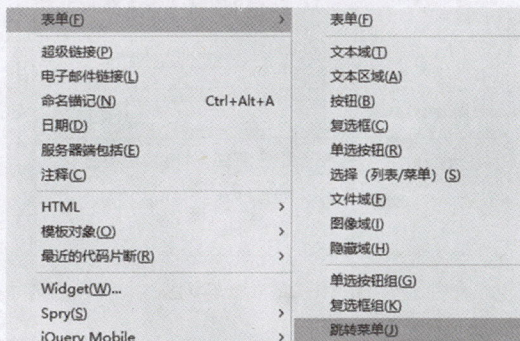

图 10-18　选择"插入"→"表单"→"跳转菜单"

步骤 2：弹出"插入跳转菜单"对话框，在"文本"对话框中，依次输入菜单的名称，在每次输入名称之后，单击"添加项"按钮，单击"确定"按钮，如图 10-19 所示。

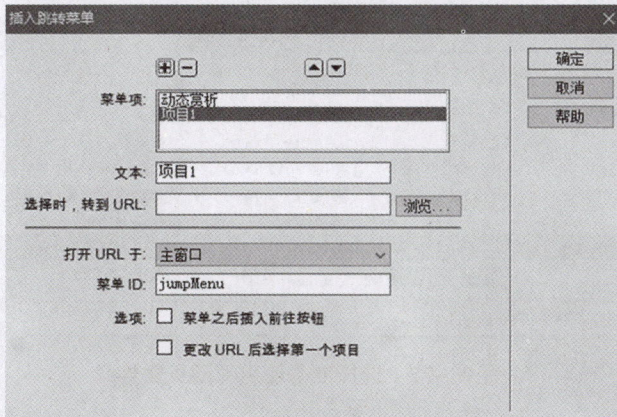

图 10-19　依次输入菜单的名称

步骤 3：可以看到，已经插入的跳转菜单，将此跳转菜单选中，如图 10-20 所示。

步骤 4：在"行为"面板中，右击 onChange 行为，在弹出的快捷菜单中，选择"编辑行为"菜单，如图 10-21 所示。

图 10-20　插入跳转菜单

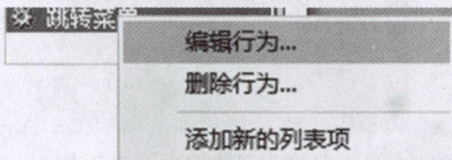

图 10-21　选择"编辑行为"菜单

步骤 5：弹出"跳转菜单"对话框，在"菜单项"列表框中，选择"动态赏析"列表项，单击"浏览"按钮，如图 10-22 所示。

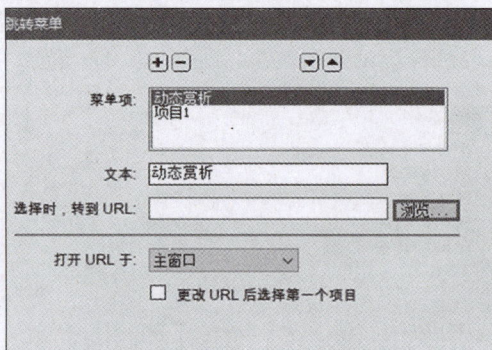

图 10-22　添加浏览

步骤 6：弹出"选择文件"对话框，选择文件保存位置，选择准备使用的网页文件，单击"确定"按钮，如图 10-23 所示。

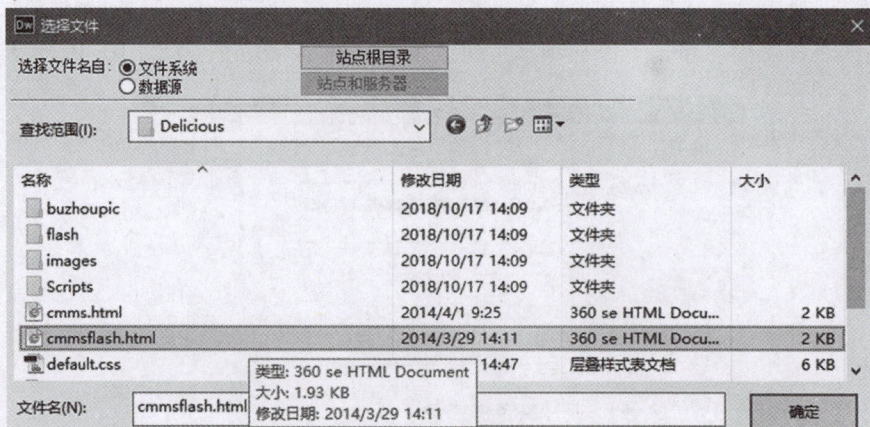

图 10-23　选择准备使用的网页文件

步骤 7：返回到"跳转菜单"对话框，在"菜单项"列表框中，选择"静态赏析"列表项，单击"浏览"按钮，如图 10-24 所示。

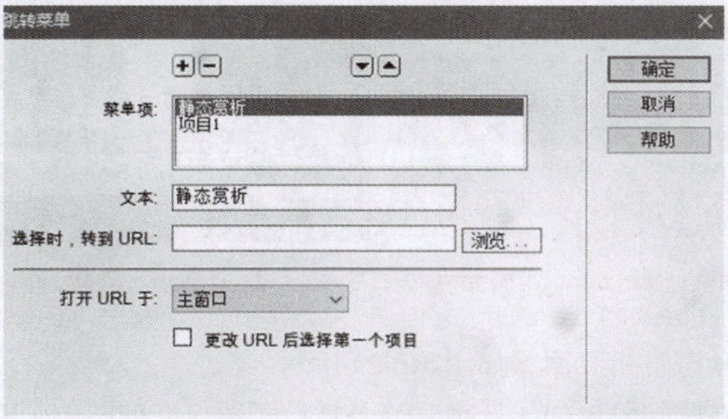

图 10-24　单击"浏览"按钮

步骤 8：弹出"选择文件"对话框，选择文件保存位置，选择准备使用的网页文件，单击"确定"按钮，如图 10-25 所示。

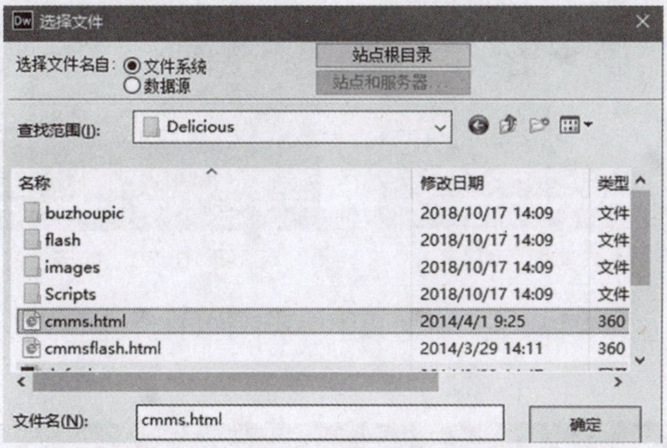

图 10-25　选择准备使用的网页文件

步骤 9：返回到"跳转菜单"对话框，单击"确定"按钮，如图 10-26 所示。

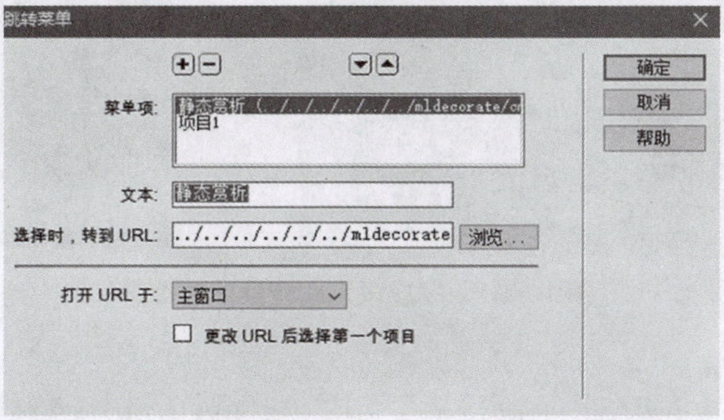

图 10-26　单击"确定"按钮

步骤 10：保存文件，单击"在浏览器中预览"→"调试"下拉按钮，在弹出的下拉菜单中，选择"预览在 IExplore"菜单，如图 10-27 所示。

步骤 11：弹出浏览器显示新建的跳转菜单，选择"动态赏析"菜单，如图 10-28 所示。

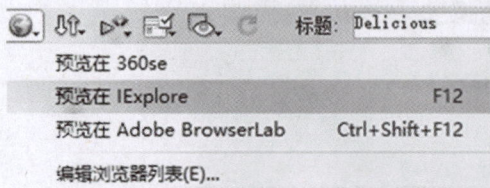

| 图 10-27　选择"预览在 IExplore"菜单 | 图 10-28　选择"动态赏析"菜单 |

步骤 12：进入动态赏析页面，如图 10-29 所示。

步骤 13：如果在跳转菜单中，选择"静态赏析"菜单，如图 10-30 所示。

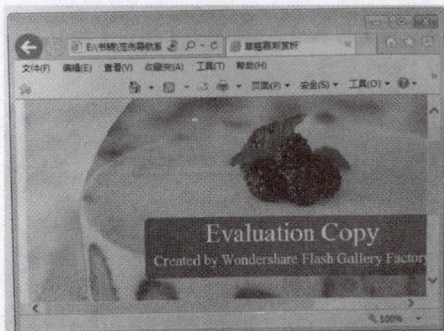

| 图 10-29　"动态赏析页面" | 图 10-30　选择"静态赏析"菜单 |

步骤 14：进入静态赏析页面，通过以上方法，即可完成设置跳转菜单的操作，如图 10-31 所示。

图 10-31　完成设置跳转菜单的操作

7. 跳转菜单开始

"跳转菜单开始"动作和"跳转菜单"动作关系非常密切。"跳转菜单开始"是在跳转菜单中加入一个"前往"按钮。下面详细介绍其具体操作方法。

步骤 1：打开素材文件，单击"插入"菜单，在弹出的下拉菜单中，选择"表单"菜单项，在弹出的子菜单中，选择"跳转菜单"子菜单，如图 10-32 所示。

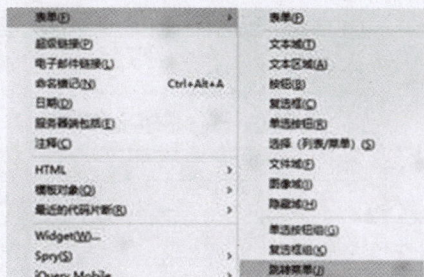

图 10-32 选择"跳转菜单"

步骤 2：弹出"插入跳转菜单"对话框，在"文本"对话框中，输入菜单的名称，如"静态赏析"，单击"添加项"按钮，单击"选择时，转到 URL"区域中"浏览"按钮，如图 10-33 所示。

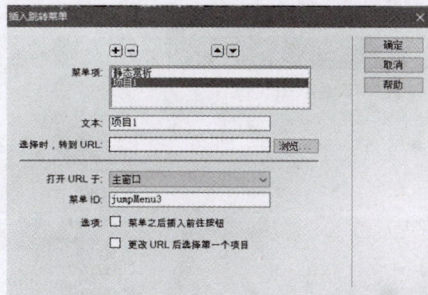

图 10-33 设置"插入跳转菜单"

步骤 3：弹出"选择文件"对话框，选择网页文件保存位置，选择准备使用的网页文件，单击"确定"按钮，如图 10-34 所示。

图 10-34 选择准备使用的网页文件

步骤 4：返回到"插入跳转菜单"对话框，在"文本"对话框中，输入菜单的名称，如"动态赏析"，单击"添加项"按钮，单击"选择时，转到 URL"区域中"浏览"按钮，如图 10-35 所示。

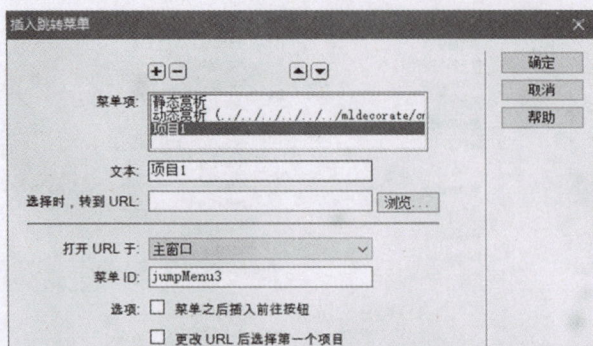

图 10-35　设置"动态赏析"添加项

步骤 5：弹出"选择文件"对话框，选择网页文件保存位置，选择准备使用的网页文件，单击"确定"按钮，如图 10-36 所示。

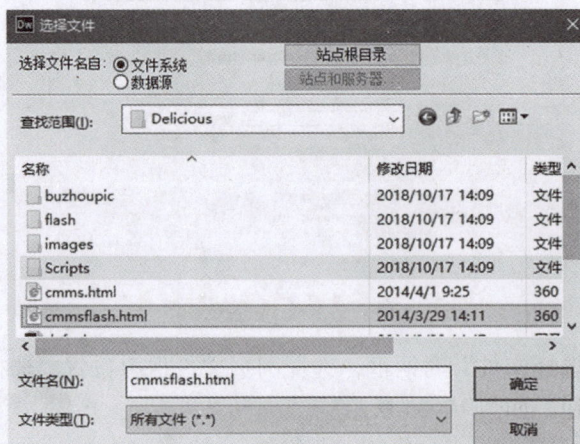

图 10-36　选择准备使用的网页文件

步骤 6：返回到"插入跳转菜单"对话框，在"选项"区域中，启用"菜单之后插入前往按钮"复选框，单击"确定"按钮，如图 10-37 所示。

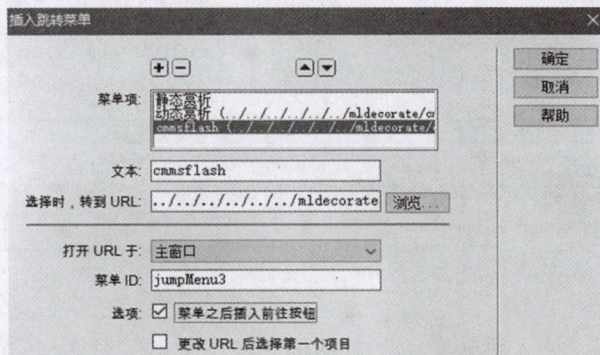

图 10-37　启用"菜单之后插入前往按钮"

步骤 7：返回到网页设计窗口，可以看到已经插入带有"前往"按钮的跳转菜单，如图 10-38 所示。

步骤 8：保存文件，单击"在浏览器中预览"→"调试"下拉按钮，在弹出的下拉菜单中，选择"预览在 IExplore"菜单，如图 10-39 所示。

图 10-38　带有"前往"按钮的跳转菜单

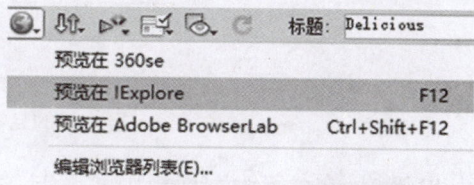

图 10-39　选择"预览在 IExplore"菜单

步骤 9：弹出浏览器，显示新建的跳转菜单，选择相应的菜单项，如"动态赏析"菜单项，单击"前往"按钮，如图 10-40 所示。

步骤 10：进入动态赏析页面，通过以上方法，即可完成设置跳转菜单开始的操作，如图 10-41 所示。

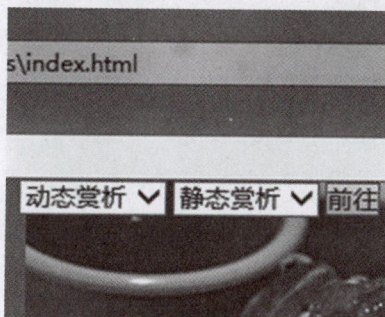

图 10-40　显示新建的跳转菜单

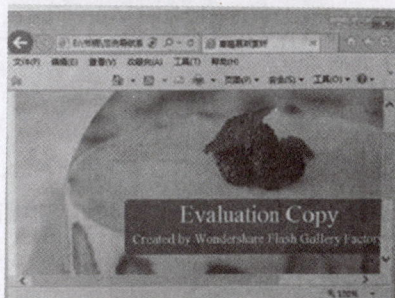

图 10-41　完成设置跳转菜单开始的操作

10.1.3　使用 JavaScript

调用 JavaScript 行为可以指定在事件发生时，要执行的自定义函数或者 JavaScript 代码。下面详细介绍调用 JavaScript 的操作方法。

步骤 1：打开素材文件，将准备调用 JavaScript 的文本选中，单击"行为"面板中"添加行为"下拉按钮，在弹出的下拉菜单中，选择"调用 JavaScript"菜单，如图 10-42 所示。

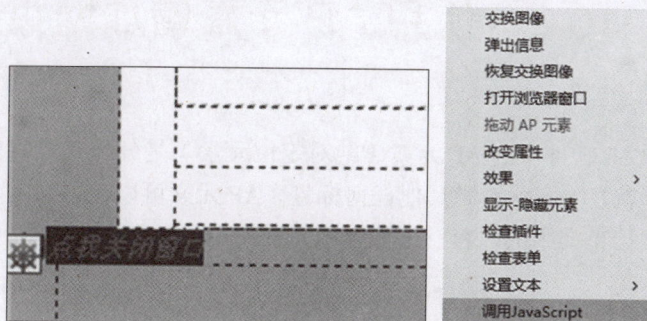

图 10-42　选择准备调用 JavaScript 的文本并选择"调用 JavaScript"菜单

步骤 2：弹出"调用 JavaScript"对话框，在"JavaScript"文本框中，输入要执行的自定义函数名称或者 JavaScript 代码，如"window.close（ ）"，单击"确定"按钮，如图 10-43 所示。

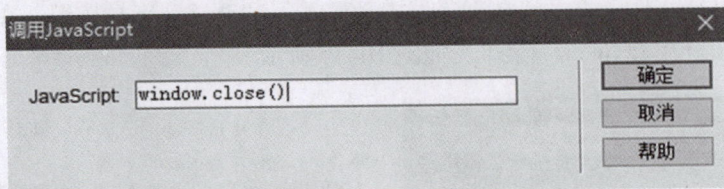

图 10-43　输入要执行的自定义函数名称或者 JavaScript 代码

步骤 3：在"行为"面板中，单击"触发事件"下拉按钮，将"触发事件"设置为 onClick，如图 10-44 所示。

步骤 4：保存文件，单击"在浏览器中预览"→"调试"下拉按钮，在弹出的下拉菜单中，选择"预览在 IExplore"菜单，如图 10-45 所示。

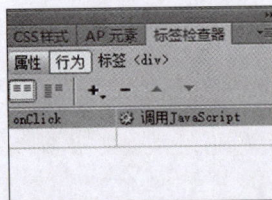

图 10-44　设置"触发事件"

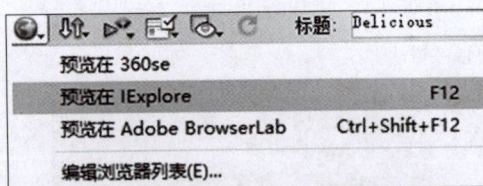

图 10-45　选择"预览在 IExplore"菜单

步骤 5：弹出浏览器，在网页中单击调用 JavaScript 的文本，如图 10-46 所示。

步骤 6：弹出 Windows Internet Explorer 对话框，单击"是"按钮，即可关闭当前窗口，通过以上方法，即可完成调用 JavaScript 的操作，如图 10-47 所示。

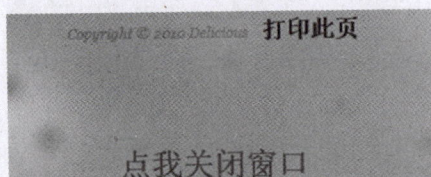

图 10-46　单击调用 JavaScript 的文本

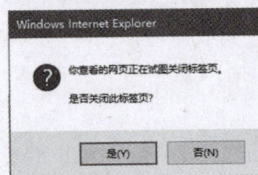

图 10-47　完成调用 JavaScript 的操作

10.2　使用 AP 元素增加网页特效

Dreamweaver CS6 软件中的 AP 元素（绝对定位元素）是分配有绝对位置的 HTML 页面元素。具体地说，就是 Div 标签或其他任何标签。AP 元素可以包含文本、图像或其他任何可放置到 HTML 文档正文中的内容。下面介绍几种使用 AP 元素的效果。

10.2.1 切换元素效果

在网页中可以添加多个 AP 元素，并应用行为来实现元素间的相互切换。

【实例】

实现元素的切换。

【实例分析】

本实例通过对多个 AP 元素添加鼠标响应的行为命令，控制 AP 元素的显示与隐藏，从而达到不同 AP 元素间的切换效果，如图 10-48（a）所示为网页显示效果，图 10-48（b）所示为单击图片后的显示效果。

（a）单击图片前显示效果　　　　（b）单击图片前显示效果

图 10-48　切换元素前后效果对比图

AP 元素之间的切换效果与图像之间的"交换图像"效果并不相同，AP 元素的切换效果可以是循环的、连续的、可指定对象的，而"交换图像"则无法实现更多的效果。

【具体操作】

步骤 1：运行 Dreamweaver CS6 软件，新建"实例"文件并保存。

步骤 2：选择"插入"→"布局对象"→"AP Div"命令，在当前网页中插入 AP Div 元素。

步骤 3：插入图像在 apDiv1 中单击鼠标，选择"插入"→"图像"命令，弹出"选择图像源文件"对话框，选择要插入的图像并插入到 AP 元素当中。

步骤 4：重复步骤 2、3 操作，添加 apDiv2，并在 apDiv2 中插入图像。

步骤 5：单击 AP 元素面板，单击"apDiv1"，选定 AP 元素，如图 10-49 所示。

步骤 6：单击"行为"面板中的"添加行为"按钮，选择"显示"或"隐藏"菜单，给网页中的 AP Div 元素添加新的行为，如图 10-50 所示。

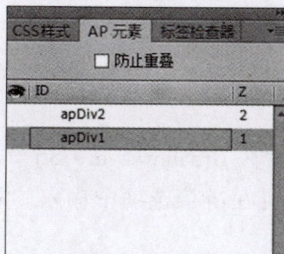

图 10-49　选定元素

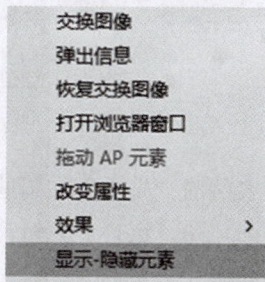

图 10-50　添加行为

步骤 7：添加完行为后，弹出"显示"或"隐藏"对话框，单击 apDiv1，单击"隐藏"按钮，如图 10-51 所示。

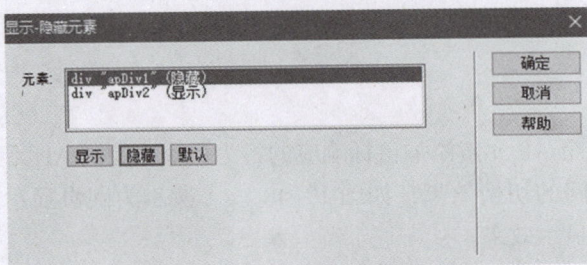

图 10-51　设置行为

步骤 8：重复步骤 5~7 操作，设置 apDiv2 行为效果，在"显示"或"隐藏元素"效果中设置 apDivl 为"显示"效果，设置 apDiv2 为"隐藏"效果。

步骤 9：按 Ctrl+S 键保存文件，再按 F12 键即可浏览作品效果。

10.2.2 热点链接效果

在 Dreamweaver CS6 软件中，用户可以给对象添加热点链接，实现对象局部区域的超链接效果。软件除了提供给用户的方形、圆形和自定义形状 3 种形状热点效果外，用户还可以通过软件自由定义超链接的显示效果。

【实例】

制作热点链接。

【实例分析】

本实例将在中国地图中制作"北京天气预报"链接，通过鼠标单击地图中北京所在的位置，在新的页面显示"北京天气预报"。如图 10-52（a）所示是单击前效果，图 10-52（b）所示是单击后新的页面显示的效果。

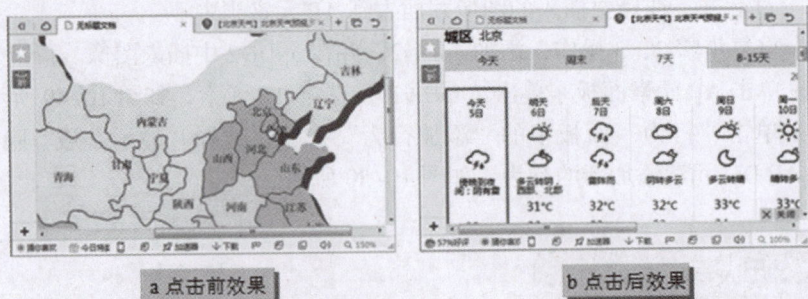

图 10-52　热点链接单击前效果

制作本案例前，先准备中国地图作为背景图片，然后在 Dreamweaver CS6 软件的 AP 元素中插入中国地图，选择热点链接形状覆盖北京地图，再在链接选项中输入"北京天气预报"地址链接即可完成制作。

【具体操作】

步骤 1：运行 Dreamweaver CS6 软件，新建"实例 09"文件并保存文件。

步骤 2：选择"插入"→"布局对象"→"AP Div"命令，在当前网页中插入 apDivl 元素。

步骤 3：在 apDivl 中单击鼠标，选择"插入"→"图像"命令，弹出"选择图像源文件"对话框，选择要插入的图像并插入到 AP 元素当中。

步骤 4：在"属性"面板中单击"多边形热点工具"按钮，选择北京地图，在链接文本框中输入地址链接，给北京市添加热点链接并链接到"北京天气预报"网址，如图 10-53 所示。

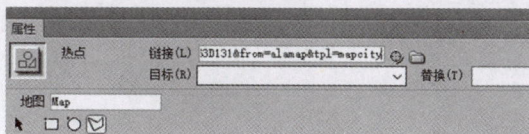

图 10-53　添加热点

步骤 5：保存文件完成行为设置后，按 Ctrl+S 键保存文件，按 F12 键即可浏览作品效果。

10.2.3　拖动元素效果

在 Dreamweaver CS6 软件中添加 AP Div，通过行为控制，可实现拖动元素的效果，即当用户浏览该网页时，可以通过鼠标拖动特定对象。

【实例】

拖动元素。

【实例分析】

AP Div 在 Dreamweaver CS6 软件系统中拥有绝对位置，在网页中先插入 AP Div 为对象设置好位置，再在 AP Div 中插入对象。要想实现鼠标拖动效果，就要为 AP Div 在行为中设置"拖动 AP 元素"效果。制作时应先在网页中插入 AP Div，再设置 AP Div 行为效果。

【具体操作】

步骤 1：运行 Dreamweaver CS6 软件，新建"实例 06"文件并保存文件。

步骤 2：选择"插入"→"布局对象"→"AP Div"命令，在当前网页中插入 AP 元素。

步骤 3：选择"插入"→"图像"命令，在当前 AP 元素中插入图像对象。

步骤 4：单击代码视图模式，单击需要添加新行为的 AP Div 元素，单击"标签检查器"菜单，单击"+"按钮，在弹出的下拉菜单中选择"拖动 AP 元素"选项，如图 10-54 所示，给网页中的 AP Div 元素添加新的行为。

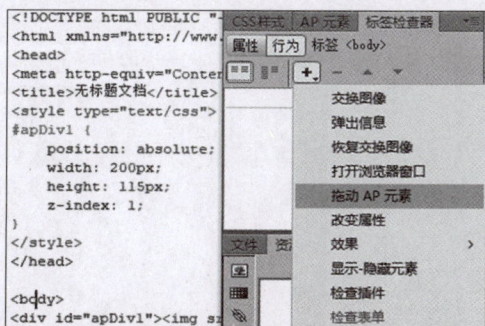

图 10-54　添加行为

步骤 5：添加完行为后，在"拖动 AP 元素"对话框中，选择 AP 元素，单击"移动"下拉列表框，选择"限制"选项，按图 10-55 所示，设置行为。

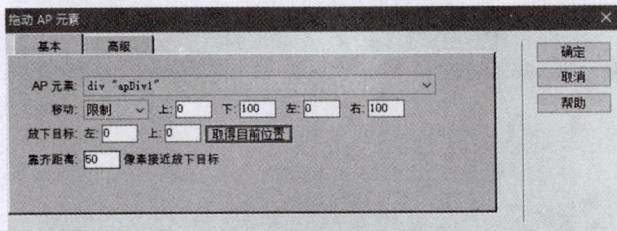

图 10-55　设置行为

步骤 6：保存文件完成行为设置后，按 Ctrl+S 键保存文件，按 F12 键即可浏览作品效果。

10.3　思考与练习

1. 什么是行为？
2. 如何使用 AP 元素添加网页特效？

第 11 章

网页设计与制作实例

　　企业网站是企业在互联网上进行网络营销和形象宣传的平台，相当于企业的网络名片，不但对企业的形象是一个良好的宣传，同时可以辅助企业营销，通过网络直接帮助企业实现产品的销售，企业可以利用网站平台进行宣传、产品资讯发布、招聘等。网页设计是根据企业预期要求向用户传递的信息（包括产品、服务、理念、文化），进行网站功能策划、页面设计美化工作等。作为企业对外宣传工具的一种，精美的网页设计对于提升企业的互联网品牌形象至关重要。

掌握制作网站的具体流程。

》【课程导入】

为了提升企业品牌形象，增强企业的网络沟通能力，让用户更全面、详细地了解公司及公司产品，并且能与客户保持密切联系，及时得到客户的反馈信息，企业有必要建立属于自己的网站。下面通过几个具体的实例，介绍网站的完整制作过程。

11.1 "安徽旅游资源信息网"网站

【实例】

制作一个名字为"安徽旅游信息网"的网站。网站页面的最上方为网站名称和导航栏，网页的下方左侧为"旅游动态"，中间为安徽省地图，右侧为安徽省的简介。

【实例分析】

该实例由规划网站开始，通过建立站点，制作首页和分页面，并对其进行完善美化等一系列操作而制作的一个静态网站。

【具体操作】

下面将详细介绍网站制作的具体流程。

11.1.1 规划网站

制作网页和制作其他电子作品一样，必须要先进行细致的规划，分析完成该任务需要哪些条件、分几步完成、如何完成等。

规划网站时，首先需要选择合适的主题，然后对网页结构进行规划，对页面进行版面设计，有的多人开发网站还需对相关人员进行分工等。本实例最终完成的图片效果如图11-1所示。

图 11-1 "安徽旅游资源信息网"效果

规划网站需要完成如下任务：

1. 确定主题

网站成败的关键在于网站的主题，所以说网站的主题对于一个网站起到至关重要的作用。选择的网站主题内容要单一，要具备合法性、时效性，主题要有创意、新颖。本实例选择"安徽旅游资源信息"作为网站的主题。

2. 结构规划

结构规划是确定网站由哪些网页组成，网页之间的关系是怎样时，针对主题"安徽旅游资源信息"，确定了如图 11-2 所示的网站结构。

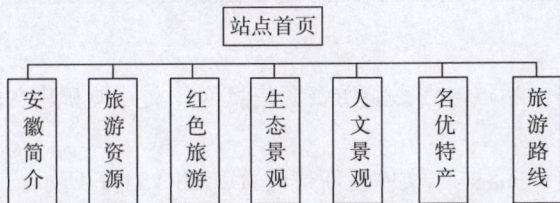

站点首页

安徽简介	旅游资源	红色旅游	生态景观	人文景观	名优特产	旅游路线

图 11-2　"安徽旅游资源信息网"网站的结构

3. 版面设计

网站的版面布局形式有很多，本实例采用"T"型结构布局。

4. 人员分工

完成以上内容后，需要确定制作网站的相关任务，如收集素材、处理素材、制作网页（首页、分页面等），再根据任务进行人员分工。

11.1.2 建立站点

网站具有管理网页和素材的功能，所以先建立站点，然后在站点中创建网页、建立文件夹，管理站点中的素材资源。

运行 Dreamweaver CS6 软件，建立相关文件夹和网页，效果如图 11-3 所示。

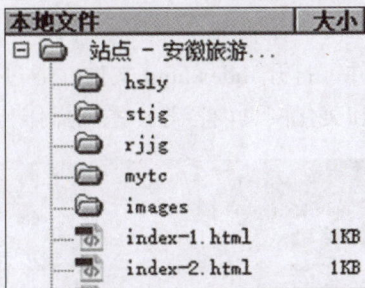

本地文件	大小
站点 - 安徽旅游...	
hsly	
stjg	
rjjg	
mytc	
images	
index-1.html	1KB
index-2.html	1KB

图 11-3　建立网站站点

步骤 1：打开"我的电脑"窗口，在"D:\"盘中新建一个文件名为"lyzy"（旅游资源）的文件夹。

步骤 2：运行 Dreamweaver CS6 软件，选择"站点"→"新建站点"命令，输入站点名称，选择本地站点文件夹，如图 11-4 所示，创建站点。

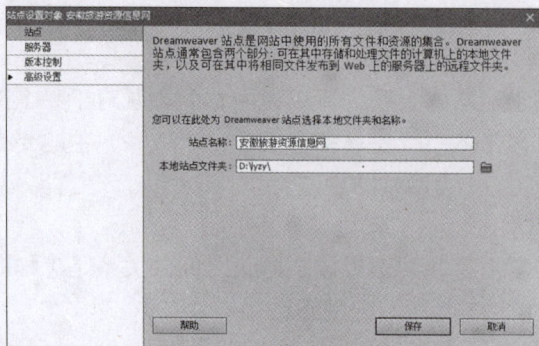

图 11-4　建立站点

步骤 3：右键点击"站点 - 安徽旅游资源信息网"文件夹新建文件夹，分类管理图像、网页等文件，如图 11-5 所示。

步骤 4：右键点击"images"文件就新建网页，如图 11-6 所示。

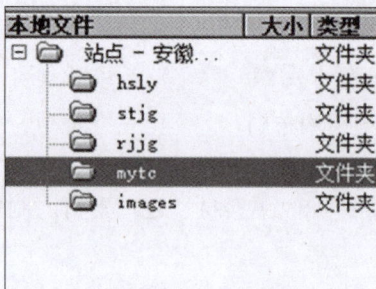

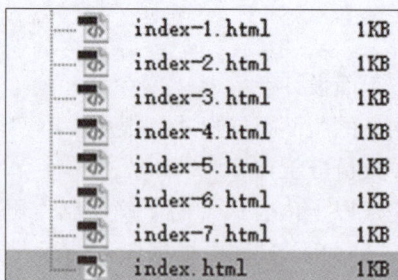

图 11-5　新建文件夹　　　　　　　　　　　　图 11-6　创建网页文件

步骤 5：添加素材将收集到的图片、动画等素材，复制到 images 文件夹中。

11.1.3 制作首页

成功建立站点后，接下来的任务就是制作网站的"门面"，要求布局美观，同时能链接到网页各个分页面。

运行 Dreamweaver CS6 软件，打开 index.html 文件，通过使用表格进行布局规划、新建 CSS 规则美化页面内容、编辑和美化网页内容等一系列操作，完成如图 11-7 所示的首页。

图 11-7　制作首页

打开 index.html 文件，设置页面属性，然后通过插入表格规划页面，并在表格中插入 Flash 动画和相关文字、图片材料。

1. 设置页面属性

步骤 1：运行 Dreamweaver CS6 软件，在"文件"面板中，双击打开 index.html 首页文件。

步骤 2：选择"修改"→"页面属性"命令，按图 11-8 所示操作，设置外观（CSS）。

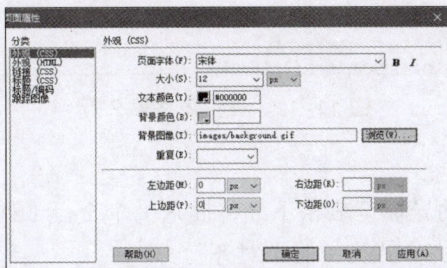

图 11-8　设置外观（CSS）

步骤 3：单击"链接（CSS）"选项，设置如图 11-9 所示的参数，单击"确定"按钮。

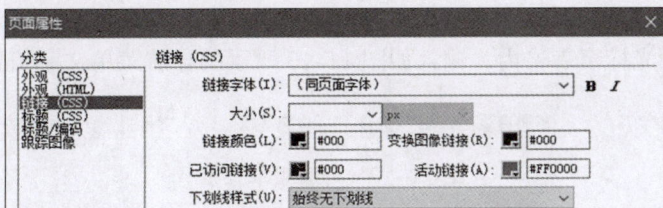

图 11-9　设置链接（CSS）

2. 插入 Flash 动画

步骤 1：选择"插入"→"表格"命令，按图 11-10 所示操作，插入表格。

步骤 2：在"表格"属性窗口中，设置表格的水平对齐方式为"居中对齐"。

步骤 3：移动光标至表格第 1 行中，选择"插入"→"媒体"→"SWF"命令，按图 11-11 所示操作，插入 SWF 文件。

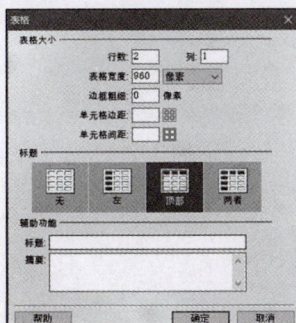

图 11-10　插入表格

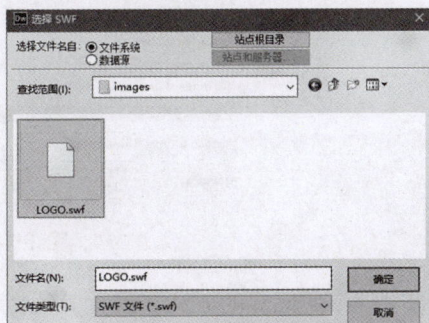

图 11-11　插入 SWF 文件

步骤 4：移动光标至表格第 2 行中，设置设置颜色和高，选择"拆分"视图，删除" ；"如图 11-12 所示。

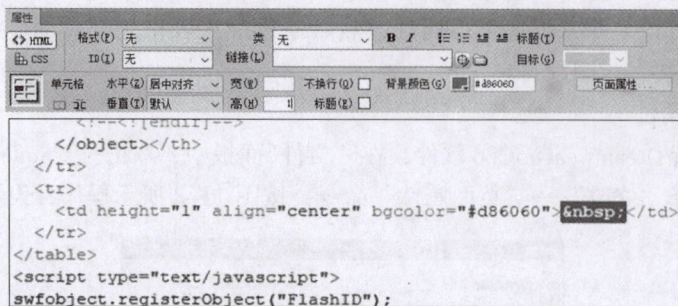

图 11-12　设置表格第 2 行

3. 制作导航菜单

步骤 1：插入表格移动光标至表格下面，插入一个 2 行 1 列的表格，并设置表格的宽度 为 960 像素，表格的对齐方式为"居中对齐"。

步骤 2：设置表格第 1 行单元格的高度为"36"、背景颜色为"#FFFFFF"，第 2 行单元格的高度为"2"，背景颜色为"#990000"，并删除单元格中的内容。

步骤 3：移动光标至第 1 行，在单元格中插入一个宽度为 900 像素、对齐方式为"居中对齐"的 1 行 1 列表格。

步骤 4：移动光标至表格内，输入如图 11-13 所示的导航菜单文字信息。

图 11-13　导航菜单文字

步骤 5：选择文字"站点首页"，在"属性"面板中单击链接后的"浏览文件"按钮，设置超链接，如图 11-14 所示。

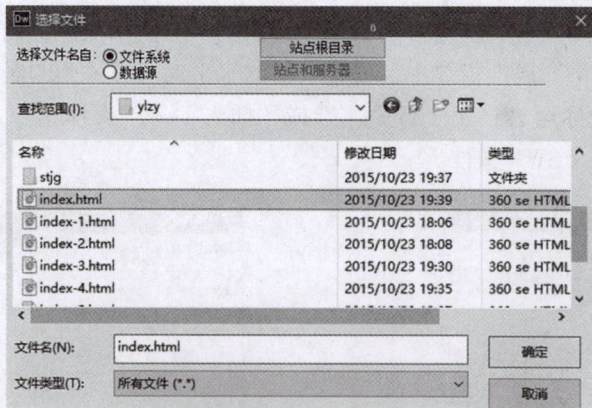

图 11-14　设置超链接

步骤 6：用同样的方法，设置其他栏目的超链接。

4. 制作旅游动态行

步骤 1：移动光标至表格下面，插入一个 3 行 1 列的表格，设置表格的宽度为 960 像素，对齐方式为"居中对齐"，表格的背景颜色为"#FFFFFF"。

步骤 2：设置表格第 1、3 行单元格的高度为 6 像素，在"代码"窗口中，删除第 1、3 行单元格中的内容" "。

步骤 3：移动光标至表格第 2 行，插入一个 3 行 5 列的表格，表格的宽度为 948 像素，对齐方式为"居中对齐"。

步骤 4：分别选取表格的第 1、2、4 列，合并单元格，设置第 2、4 列单元格的宽度为 6 像素，具体效果如图 11-15 所示。

图 11-15　设置表格

步骤 5：设置表格的第 1 列的宽度为 268 像素，高度为 239 像素，背景为"daohang_bg.gif"，合并表格第 3 列。

步骤 6：设置表格的第 5 列第 1 行的高度为 36 像素，背景为"d.gif"；第 5 列第 2 行的高度为 199 像素，背景为"d_bg.gif"；第 5 列第 3 行的高度为 2 像素，背景为"d_b.gif"，删除单元格中的内容" "，最后的效果如图 11-16 所示。

图 11-16　表格效果

步骤 7：移动先标至表格第 2 列，选择"插入"→"图像"命令，按图 11-17 所示操作，插入图片。

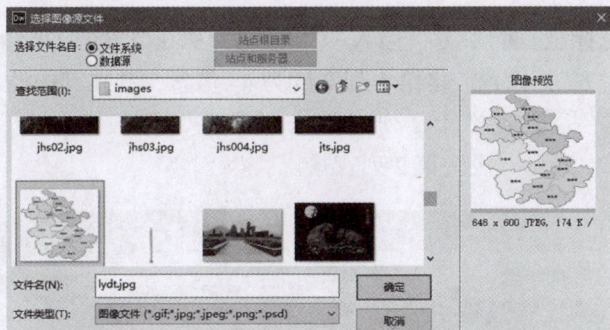

图 11-17　插入图片

步骤 8：选取插入的图片，在"属性"窗口中设置图片的宽度为 276 像素，高度为 235 像素。

步骤 9：移动光标至"旅游动态"列，插入一个 8 行 1 列的表格，表格的宽度为 240 像素，对齐方式为"居中对齐"；第 1、3 行的高度分别为 10 像素、6 像素，并删除单元格中的内容" ";设置第 4 ~ 8 行单元格的高度为 28 像素,并输入文字信息,具体效果如图 11-18 所示。

　　步骤 10:移动光标至"安徽简介"列的第 2 行,插入一个宽度为 242 像素的 1 行 1 列表格,表格的对齐方式为"居中对齐",并在表格中输入文字,具体效果如图 11-19 所示。

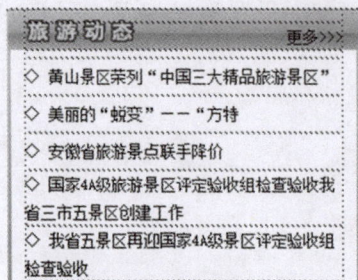

图 11-18　"旅游动态"列效果图

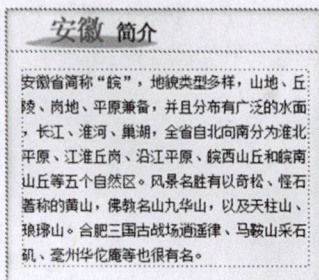

图 11-19　"安徽简介"列效果图

5.制作热点推荐栏

　　步骤 1:在"CSS 样式"面板中,单击"新建 CSS"按钮,选择选择器类型,输入选择器名称,单击"确定"按钮,设置背景,如图 11-20 所示,新建"style01"CSS 规则。

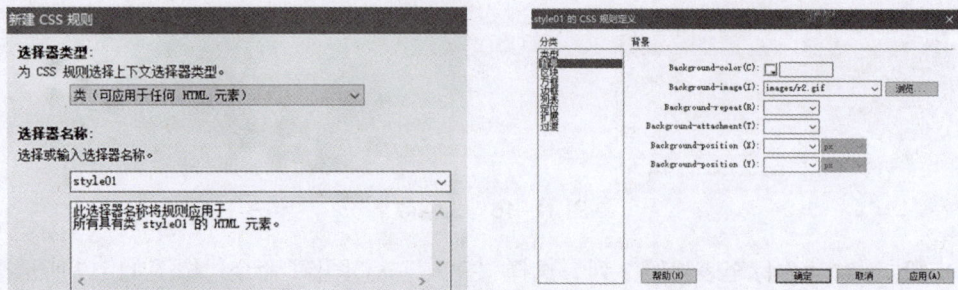

图 11-20　新建"style01"CSS 规则

　　步骤 2:移动光标至页面下方,插入一个宽度为 960 像素的 1 行 2 列的表格,表格的对齐方式为"居中对齐",设置表格第 1 列宽度为 44 像素,并在其中插入图片 r1.jpg。

　　步骤 3:移动光标至表格第 2 列,单击"属性"面板中的类下拉列表框,选择"style01",如图 11-21 所示,设置第 2 列背景。

图 11-21　设置第 2 列背景

　　步骤 4:在第 2 列中插入一个 1 行 1 列的表格,宽度为 910 像素,表格对齐方式为"居中对齐",表格背景颜色为"#FFFFFF"。

　　步骤 5:在插入的表格中再插入一个 2 行 13 列的表格,表格的宽度为 910 像素,表格的对齐方式为"居中对齐",表格背景颜色为 #FFFFFF,表格第 2 行的高度为 10 像素,然后合并表格第 1、3、5、7、9、11、13 列，效果如图 11-22 所示。

图 11-22 "热点推荐"栏的表格效果图

步骤 6：移动光标至表格中，在表格中插入图片和对应的文字，设置文字的对齐方式为"居中对齐"，具体效果如图 11-23 所示。

图 11-23 "热点推荐"栏最终效果图

步骤 7：用同样的方法，制作首页"红色旅游""生态景观""人文景观""名优特产"等部分内容，具体效果如图 11-24 所示。

图 11-24 首页其他栏效果图

6. 制作网页底部信息

步骤 1：移动光标至"名优特产"表格下方，插入一个 3 行 1 列宽度为 960 像素的表格，表格对齐方式为"居中对齐"。

步骤 2：分别设置表格第 1、2 行单元格的背景颜色为"#FFFFFF、#990000"高度都为 6 像素，删除单元格中的内容" "。

步骤 3：移动光标至表格第 3 行，设置对齐方式、高度和背景颜色，如图 11-25 所示，并输入图下方的文字，完成网站信息部分的制作。

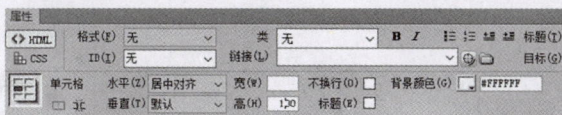

图 11-25 制作网页底部

步骤 4 : 选择 "文件" → "保存" 命令, 保存首页文件。

11.1.4 制作分栏目页面

站点首页完成后, 接下来的任务就是进行分栏目页面的制作, 分栏目页面是栏目内容的简介和目录, 通过它可以链接到各个分页面。下面以 "红色旅游" 栏目为例, 介绍分栏目页面的制作。

运行 Dreamweaver CS6 软件, 打开 index3.html 文件, 对于和首页面相同的内容, 可以通过复制完成, 不同的内容则可通过表格进行布局规划等一系列操作, 完成如图 11-26 所示的分栏目页。

图 11-26 制作 "红色旅游" 分栏目页面

分别打开 "index3.html" 和 "index.html" 文件, 将 "index.html" 文件中的 banner 栏和导航栏复制到 "index3.html" 中, 然后再通过插入表格规划页面, 在表格中添加对应的图片和文字信息。

步骤 1 : 运行 Dreamweaver CS6 软件, 在 "文件" 面板中, 双击打开 index3.html 首页文件。

步骤 2 : 选择 "修改" → "页面属性" 命令, 按图 11-8 所示操作, 设置外观 (CSS)。

步骤 3 : 打开 index.html 文件, 选择 banner 栏和导航栏, 如图 11-27 所示, 按 Ctrl+C 键, 复制网页内容。

图 11-27 选取 banner 栏和导航栏

步骤 4 : 单击文件名 index3.html, 切换到 "红色旅游" 栏目页编辑窗口, 按 Ctrl+V 键, 粘贴表格内容。

步骤 5 : 移动光标至表格下方, 选择 "插入" → "表格" 命令, 插入一个 2 行 3 列的表格, 表格的宽度为 960 像素。

步骤 6：设置表格对齐方式为"居中对齐"，单元格的背景颜色为"#FFFFFF"，合并表格第 1 行，设置第 1 行的高度为 6 像素，删除表格中的内容" "；设置表格第 2 行第 1 列的宽度为 280 像素，第 2 行第 2 列宽度为 10 像素，效果如图 11-28 所示。

图 11-28　设置表格属性

步骤 7：移动光标至第 2 行第 1 列单元格中，插入一个 2 行 1 列的表格，设置表格宽度为 260 像素，水平对齐方式为"居中对齐"，设置背景颜色为"#B93400"，表格的间距为 1 像素，设置表格第 2 行单元格的背景颜色为"#FFFFFF"，效果如图 11-29 所示。

图 11-29　插入并设置表格

步骤 8：选择"插入"→"图片"命令，在单元格中插入图片 jg_red.jpg，移动光标至第 2 行，插入一个 9 行 1 列的表格，宽度为 240 像素，水平对齐方式为"居中对齐"，并设置单元格的属性，具体效果如图 11-30 所示。

步骤 9：分别移动光标至表格第 2、4、6、8 行中，插入图片和相应的文字，最后的部分效果如图 11-31 所示。

图 11-30　插入并设置表格

图 11-31　插入表格内容

步骤 10：移动光标至右边空白单元格，设置单元格垂直对齐方式为"顶端对齐"。

步骤 11：选择"插入"→"表格"命令，插入一个 2 行 1 列、宽度为 660 像素的表格。设置第 1 行单元格的高度为 28 像素，水平对齐方式为"左对齐"，第 2 行单元格的高度为 6 像素，删除字符" "，单元格背景颜色为"#000000"，表格的效果如图 11-32 所示。

图 11-32　插入表格

步骤 12：选择"插入"→"图片"命令，在表格中插入图片 arrowl.gif，并输入如图 11-33 所示的文字信息。

图 11-33　添加表格内容

步骤 13：插入一个 4 行 2 列的表格，合并表格第 1、3、4 行，分别设置行高为 12 像素、6 像素、1 像素，删除字符 " "，设置第 4 行的背景图片为 bgh.gif。

步骤 14：设置第 2 行第 1 列单元格的宽度为 106 像素、高度为 72 像素，插入图片 1_8.jpg，在右侧的单元格中输入文字并设置文字格式，具体效果如图 11-34 所示。

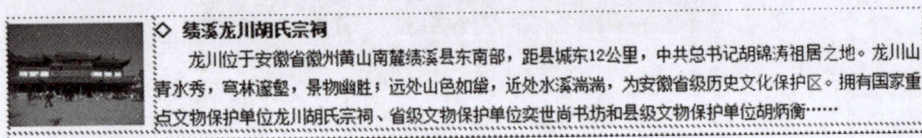

图 11-34　表格示意图

步骤 15：完成其他页面制作同样的方法，完成网站其他页面的制作，并设置超链接。

11.2　制作现代家居装饰网站

【实例】

制作一个现代家居装饰的网站。网站页面的最上方为网站 logo，背景为装饰图片，下方欢迎语及一些产品图片。

【实例分析】

本例是对现代家居装饰网进行制作，其中主要使用到了模板、Div 标签、CSS 样式、JavaScript、iQuery 脚本语言等知识来制作页面。

在实例操作中会应用到较多的知识，跨越较为明显，完全打破了知识点的原有顺序，需要根据实际的案例来安排知识点的顺序，同时这些知识点都较为简单和实用，而且贴合实际工作的需要。

【具体操作】

下面将详细介绍其具体操作方法。

11.2.1　创建网站的基础框架

在使用 Dreamweaver CS6 软件制作网站之前，首先要对框架进行明确，如创建站点、模板及样式表等，下面我们就网站制作的第一步进行讲解。

1. 创建网站站点

在制作网站页面之前先要创建站点，因为之后的一些操作过程都是建立在站点的基础上的，如站点管理、站点编辑等。

在创建站点时，用户可以先在磁盘上创建一个站点文件夹，这样便于管理站点，其具体操作如下。

步骤 1：启动资源管理器，在相应路径中新建一个名为"现代家居装饰网"文件夹，如图 11-35 所示。

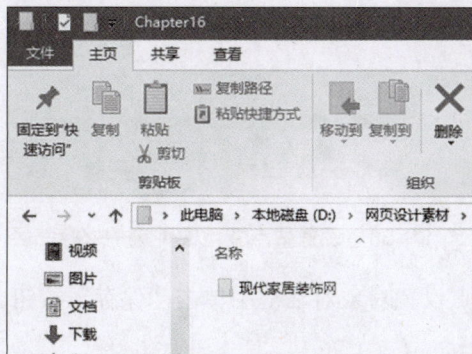

图 11-35　新建文件夹

步骤 2：启动 Dreamweaver CS6 应用程序，单击"站点"菜单项，在弹出的下拉菜单中选择"新建站点"命令，如图 11-36 所示。

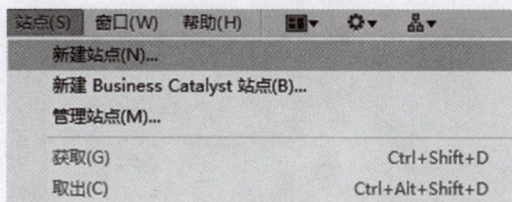

图 11-36　新建站点

步骤 3：在"站点名称"文本框中输入站点名称，单击"浏览文件夹"按钮，如图 11-37 所示。

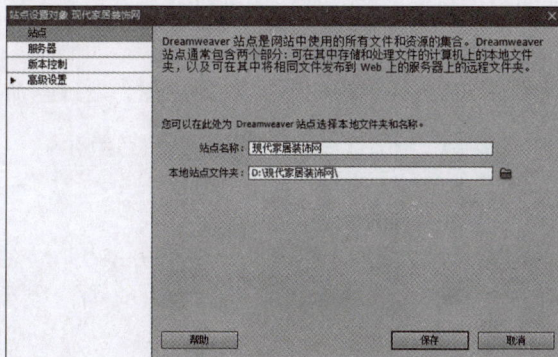

图 11-37　设置站点名称

步骤 4：在打开的"选择根文件夹"对话框中找到保存站点的文件夹，单击"选择"按钮，如图 11-38 所示。

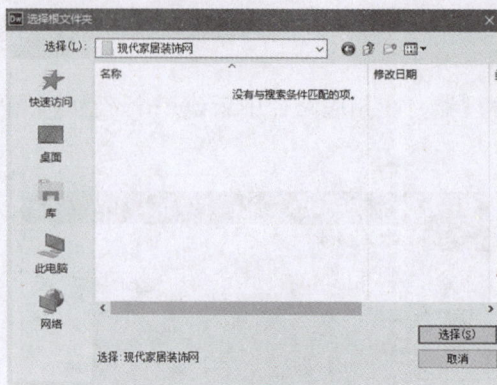

图 11-38 设置站点本地文件夹的保存路径

步骤 5：在返回的站点设置对象对话框中单击"保存"按钮，完成站点的设置，如图 11-39 所示。

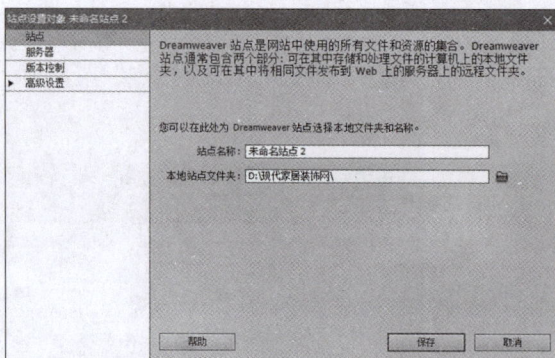

图 11-39 保存站点

2. 创建网站模板

现代家居装饰网中的每个页面的布局风格几乎都差不多，为了统一网站中各个网页的风格，也为了提高网站的制作效率，有必要为网站创建一个模板，下面介绍创建网站模板具体操作方法。

步骤 1：单击"文件"菜单项，在弹出的下拉菜单中选择"新建"命令，如图 11-40 所示。

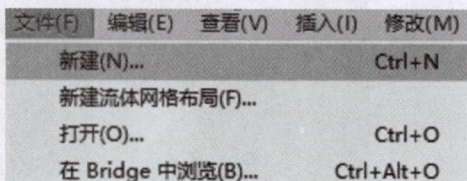

图 11-40 执行新建命令

步骤 2：在打开的"新建文档"对话框中单击"空模板"选项卡，在中间的列表框中双击"HTML 模板"选项，如图 11-41 所示。

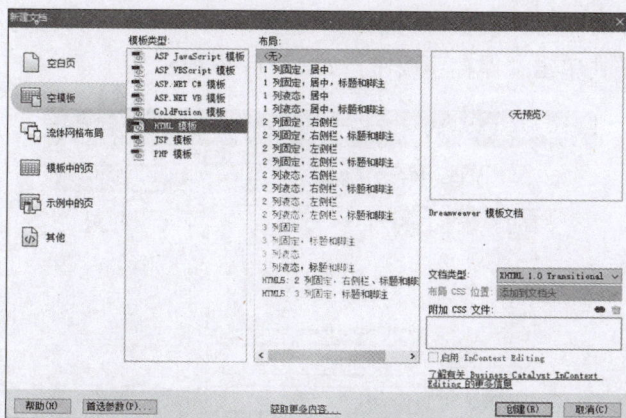

图 11-41 创建空白模板

步骤 3：单击"代码"按钮切换到代码视图中，在 <title>< \ title> 标签中输入模板页面的标题，如图 11-42 所示。

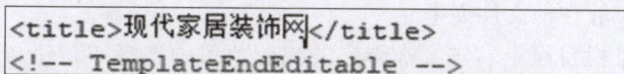

图 11-42 输入模板文件的标题

步骤 4：将文本插入点定位到"<body><\body>"标签之间，单击"插入"菜单项，在弹出的"插入"菜单中选择"模板对象"→"可编辑区域"命令，如图 11-43 所示。

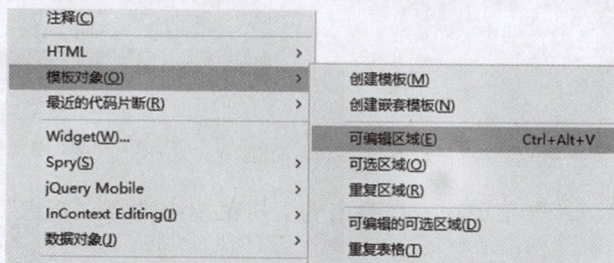

图 11-43 添加可编辑区域

步骤 5：在打开的"新建可编辑区域"对话框中为新增加的可编辑区域命名，单击"确定"按钮，如图 11-44 所示。

步骤 6：单击"设计"按钮，在切换到的设计视图窗口中可查看到添加的可编辑区域，然后按 Ctrl+S 组合键，如图 11-45 所示。

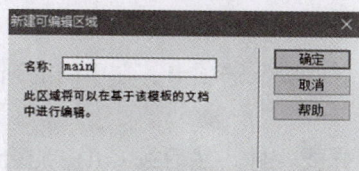

图 11-44 为可编辑区域命名

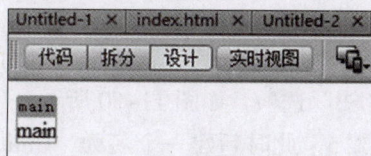

图 11-45 执行保存操作

步骤 7：在打开的"另存模板"对话框中选择站点，移在"另存为"文本框中输入另存为文件名"master"，单击"保存"按钮，如图 11-46 所示。

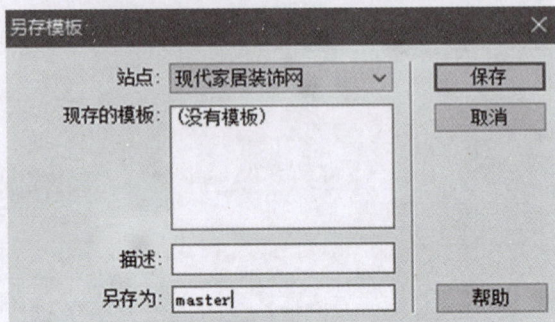

图 11-46 保存模板文件

3. 创建样式文件

为了方便用户对页面与样式的管理和维护，可以在站点下创建一个样式文件夹，然后将所有的样式文件存放在该文件夹中。

步骤 1：在站点根目录上右击，在弹出的快捷菜单中选择"新建文件夹"命令，如图 11-47 所示。

步骤 2：将新建的文件夹重命名为"css"，然后按 Enter 键确认，如图 11-48 所示。

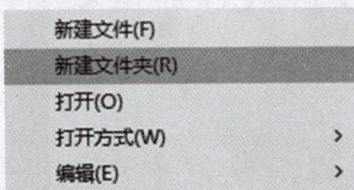

图 11-47 选择"新建文件夹"命令

图 11-48 重命名文件夹

步骤 3：单击"文件"菜单项，在弹出的下拉菜单中选择"新建"命令，如图 11-49 所示。

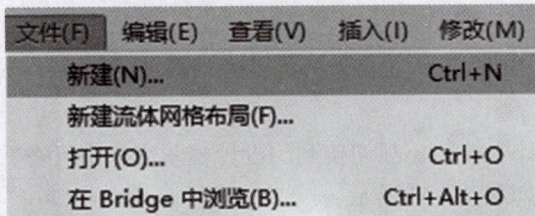

图 11-49 执行新建命令

步骤 4：在打开的"新建文档"对话框中单击"空白页"选项卡，在中间的列表框中双击"CSS"选项，如图 11-50 所示。

步骤 5：此时新建一个名为"Untitled-2"的 CSS 样式文件，然后按 Ctrl+S 组合键，如图 11-51 所示。

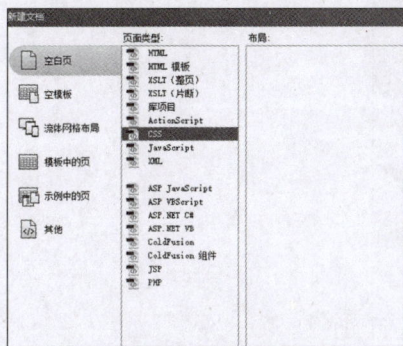

图 11-50　双击"CSS"选项

图 11-51　新建"Untitled-2" CSS 样式文件

步骤 6：打开"另存为"对话框，选择文件的保存位置，输入样式文件名称，单击保存"按钮，如图 11-52 所示。

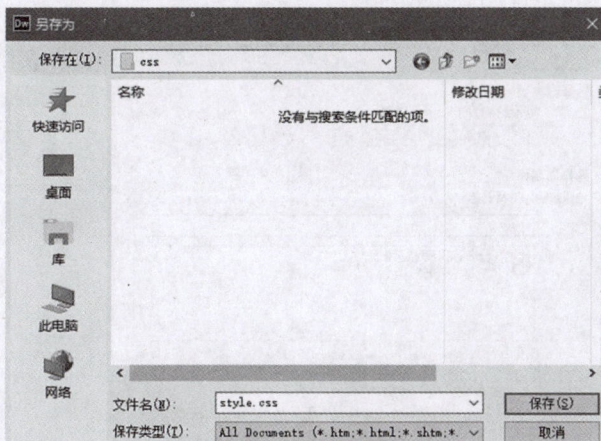

图 11-52　保存样式文件

步骤 7：在返回的界面中即可查看到新建的 style.css 样式文件，单击上方的"CSS 样式"面板，如图 11-53 所示。

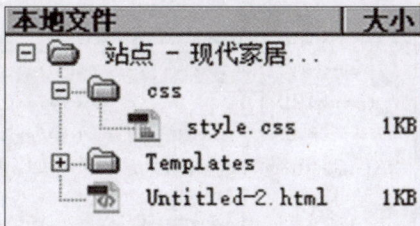

图 11-53　切换"CSS 样式"面板

步骤 8：在"所有规则"列表框中选择 style.css 选项，单击"新建 CSS 规则"按钮，如图 11-54 所示。

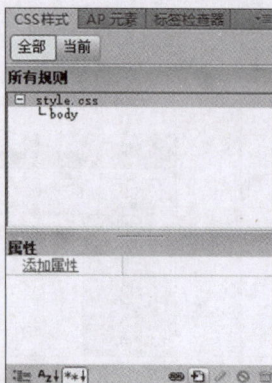

图 11-54　新建 CSS 规则

　　步骤 9：在打开的"新建 CSS 规则"对话框中选择选择器类型，已选择选择器名称，单击"确定"按钮，如图 11-55 所示。

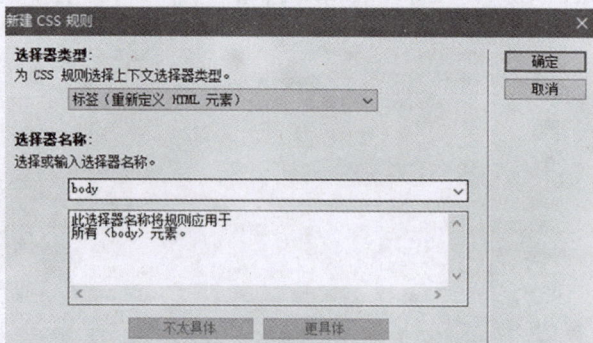

图 11-55　添加 body 标签

　　步骤 10：在打开的 CSS 规则定义对话框中单击"类型"选项卡，可分别对 Font-family 和 Font-size 属性进行设置，如图 11-56 所示。

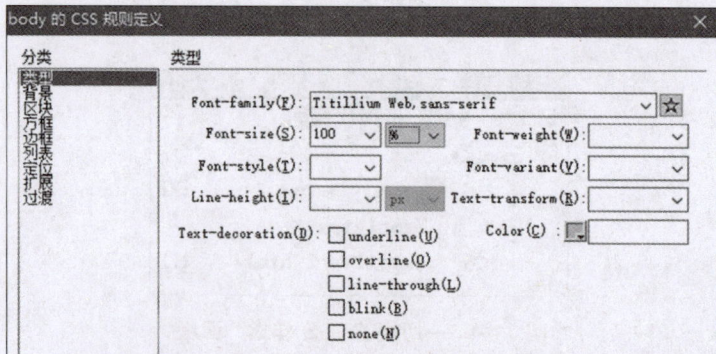

图 11-56　设置字体类型与大小

　　步骤 11：单击"背景"选项卡，设置 Background-color 属性为"#fff"，单击"确定"按钮，如图 11-57 所示。

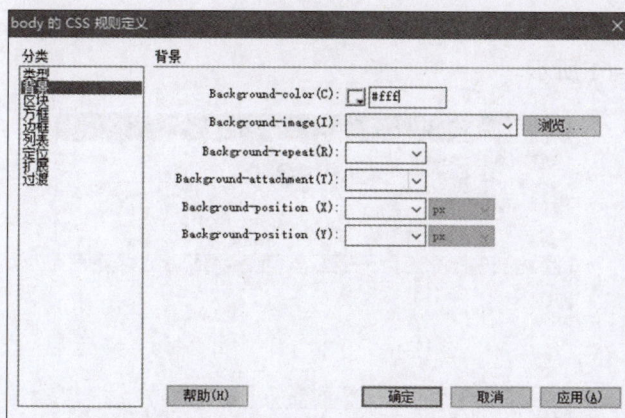

图 11-57　设置背景颜色

步骤 12：以相同的方法为其他的标签创建样式，如图 11-58 所示。

```
body a{
    transition: 0.5s all ease;
    -webkit-transition: 0.5s all ease;
    -moz-transition: 0.5s all ease;
    -o-transition: 0.5s all ease;
    -ms-transition: 0.5s all ease;
}
p{
    margin:0;
}
ul,label{
    margin:0;
    padding:0;
}
body a:hover{
    text-decoration:none;
}
```

图 11-58　创建其他样式

4. 将样式表连接到模板中

为了能让模板与样式表有关联，就需要将样式表链接到模板页面中，这样才能将样式表中的各个样式应用到相应的对象上，其具体操作如下。

步骤 1：切换到网页模板页面，单击"类"下拉列表框右侧的下拉按钮，在弹出的下拉列表中选择"附加样式表"选项，如图 11-59 所示。

步骤 2：在打开的"链接外部样式表"对话框中，单击"浏览"按钮，如图 11-60 所示。

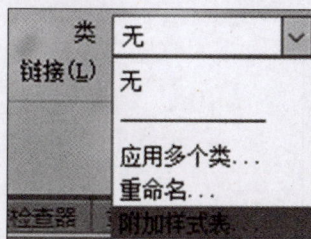

图 11-59　选择"附加样式表"选项

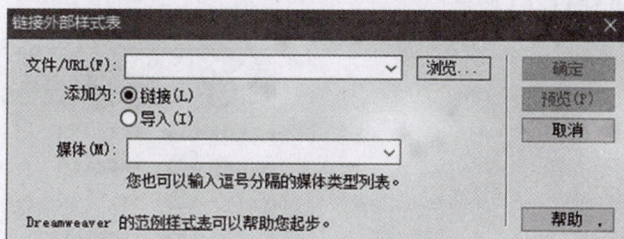

图 11-60　单击"浏览"按钮

步骤 3：在打开的"选择样式表文件"对话框中选择站点下的 style.css 文件，单击"确定"按钮，如图 11-61 所示。

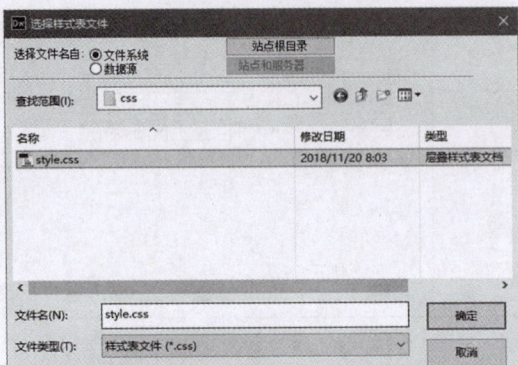

图 11-61　附加样式表

步骤 4：返回到"链接外部样式表"对话框中，单击"确定"按钮，如图 11-62 所示。

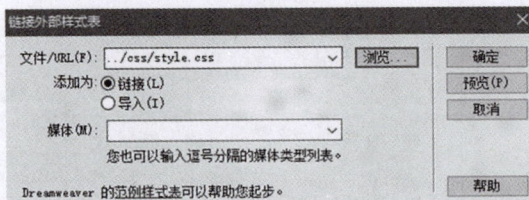

图 11-62　确定链接操作

11.2.2 在模板中制作头部和底部

网页的头部信息和底部信息在整个网站中属于相同的布局，因此，可以将它们放置在模板中。在基于该模板新建网页时，程序会自动创建相应的导航部分，从而简化操作。

1. 制作网页头部部分

网页的头部部分一般包含网站 logo、菜单等信息，这里使用 Div 布局。

需要注意的是，在制作网站头部之前，首先需要将使用的素材文件放到站点下，如 images 文件夹、js 文件夹等。下面将介绍在模板中制作网站头部的具体操作方法。

步骤 1：将"现代家居装饰网"素材文件中的 images 和 js 这两个文件夹添加到站点下，如图 11-63 所示。

图 11-63　新建文件夹

步骤 2：在打开的"插入 Div 标签"对话框中，单击"新建 CSS 规则"按钮，如图 11-64、图 11-65 所示。

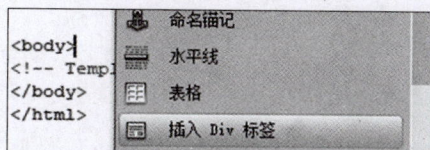

图 11-64　单击"插入 Div 标签"按钮

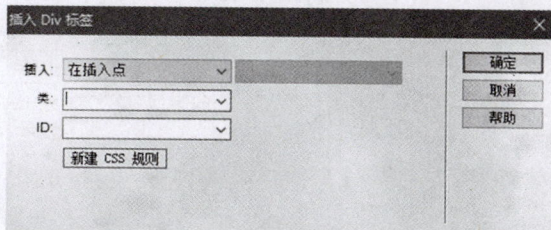

图 11-65　单击"新建 CSS 规则按钮"

步骤 3：在打开的"新建 CSS 规则"对话框中选择选择器类型，在"选择器名称"文本框中输入 header，移单击"确定"按钮，如图 11-66 所示。

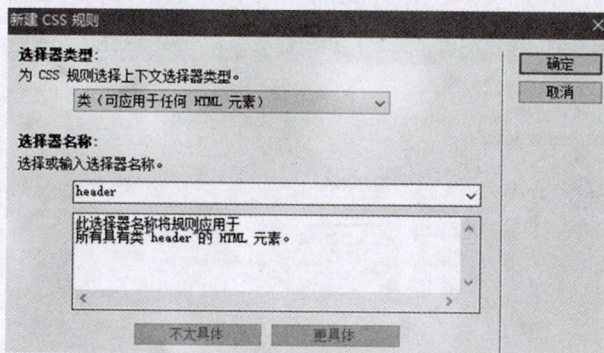

图 11-66　设置选择器

步骤 4：在打开的 CSS 规则定义对话框中，单击"背景"选项卡，设置 Background-color 属性为"#2a2017"，如图 11-67 所示。

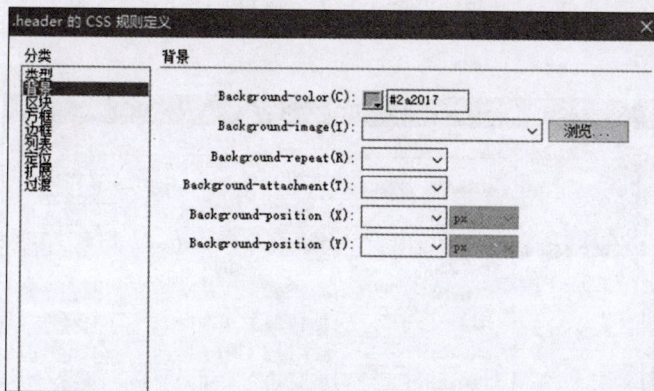

图 11-67　设置背景颜色

步骤 5：单击"区块"选项卡，设置 Text-align 属性为 center，如图 11-68 所示。

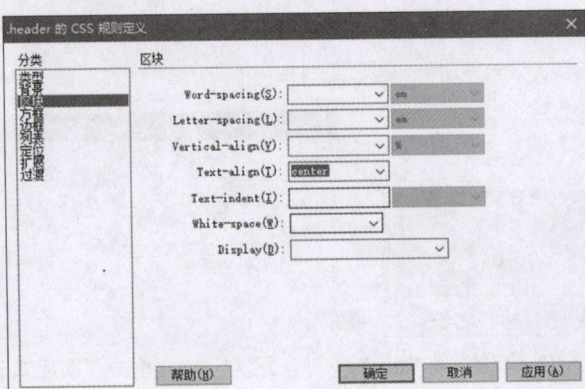

图 11-68　设置区块属性

步骤 6：单击"方框"选项卡，对 Padding 栏中的参数进行相应设置，如图 11-69 所示。

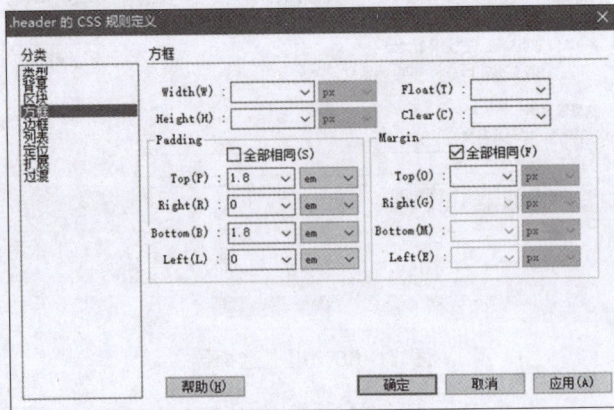

图 11-69　设置方框属性

步骤 7：单击"定位"选项卡，设置 Position 属性为 relative，单击"确定"按钮完成设置，如图 11-70 所示。

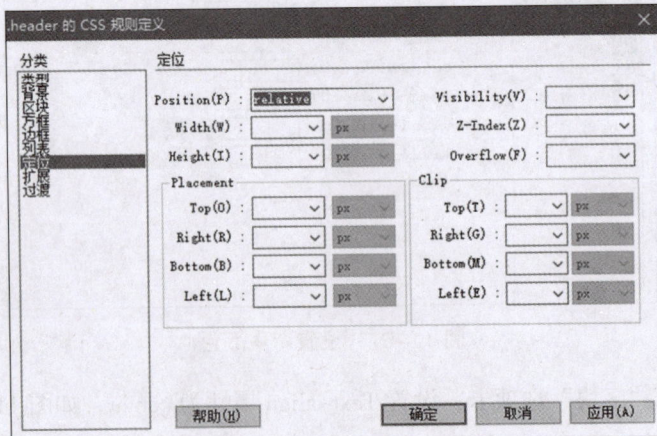

图 11-70　设置定位属性

步骤 8：返回"插入 Div 标签"对话框中，在"类"下拉列表框中选择 header 选项，单击"确定"按钮，如图 11-71 所示。

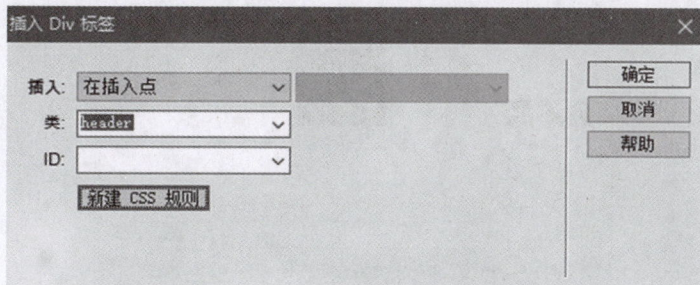

图 11-71　确认创建 Div 标签

步骤 9：进入"拆分"视图中，用户可以查看设计视图窗口中添加的黑色横线，在"代码"视图中选择需要删除的部分，按 Delete 键删除，如图 11-72 所示。

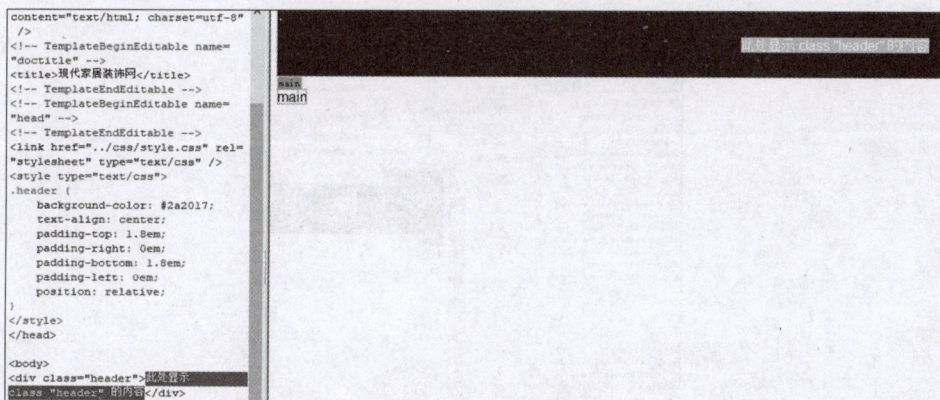

图 11-72　查看效果并删除不需要的代码

步骤 10：以相同的方法插入 container、logo、navigation 等 Div 层及嵌套层，如图 11-73 所示。

步骤 11：将文本插入点定位到 logo 层中，在菜单栏中选择"插入"→"图像"命令，如图 11-74 所示。

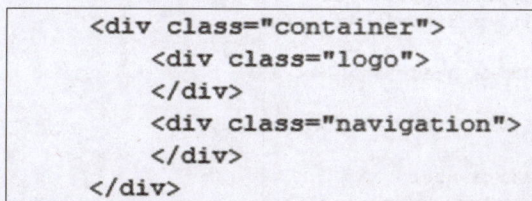

图 11-73　插入其他 Div 层及嵌套层

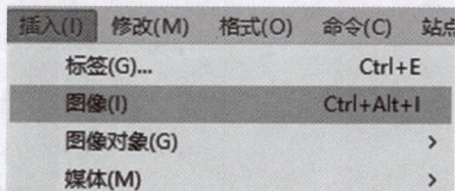

图 11-74　选择"图像"命令

步骤 12：在打开的"选择图像源文件"对话框中，选择站点下的图像存储路径，选择 log.png 选项，单击"确定"按钮，如图 11-75 所示。

图 11-75　选择 logo 图片

步骤 13：在 navigation 层中输入 <span> 标签，将文本插入点定位到该标签后，在"格式"菜单中选择"列表"→"项目列表"命令，如图 11-76 所示。

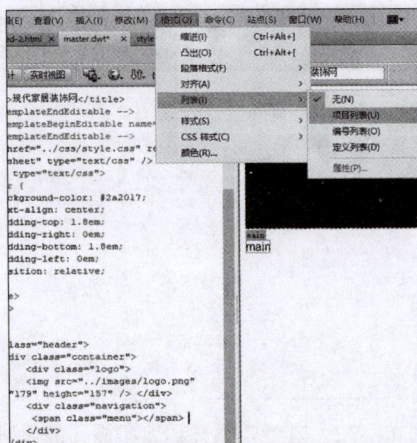

图 11-76　选择"列表"→"项目列表"命令

步骤 14：在 <ul> 标签中输入 navig，输入制作页面菜单的相关代码，如图 11-77 所示。

图 11-77　输入代码

步骤 15：在代码视图的相应位置输入 iQuery 效果代码，用于为菜单添加滑动效果，如

图 11-78 所示。

步骤 16：切换到样式文件中，以相同方法为各个类添加样式规则，如图 11-79 所示。

```
            </ul>
        </div>
        <!-- script-for-menu -->
        <script>
            $("span.menu").click(function(){
                $(" ul.navig").slideToggle("slow" , function(){
                }));
            });
        </script>
        <!-- script-for-menu -->
    </div>
</div>
<!-- TemplateBeginEditable name="main" -->main<!-- TemplateEndEditable -->
```

图 11-78　为菜单设置滑动效果

```
.logo {
    position: absolute;
    top: 0;
    z-index: 999;
}
.navigation {
    float: right;
}
ul.navig{
    padding:0;
}
ul.navig li{
    display: inline-block;
    margin: 0 12px;
    position:relative;
}
```

图 11-79　添加 CSS 样式规则

步骤 17：切换到模板页面的设计视图窗口中，单击"实时视图"按钮即可预览相应的效果，如图 11-80 所示。

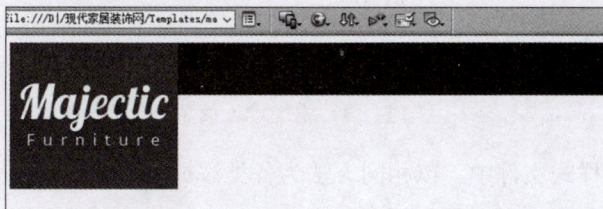

图 11-80　预览网站头部效果

2. 制作网站页面底部

网页的底部信息在整个网站中的布局也是相同的，一般包括版权信息、搜索栏及联系地址等，下面介绍其具体制作方法。

步骤 1：在模板页面的可编辑区后添加底部结构的 Div 层及嵌套层，如图 11-81 所示。

```
<!-- TemplateBeginEditable name="main" -->
main<!-- TemplateEndEditable -->
<!--footer-starts-->
    <div class="footer">
        <div class="container">
            <div class="footer-top">
                <div class="col-md-4
footer-left">

                </div>
                <div class="col-md-4
footer-left">

                </div>
                <div class="clearfix"></
div>
            </div>
        </div>
    </div>
    <!--footer-ends-->
</body>
</html>
```

图 11-81　搭建底部结构布局

步骤 2：将文本插入点定位到第一个 col-md-4footer-left 层中，在其中输入对应的版权信息文本，如图 11-82 所示。

```
<!--footer-starts-->
    <div class="footer">
        <div class="container">
            <div class="footer-top">
                <div class="col-md-4
footer-left">
                    <p>CopyRight 2009-2013 <a
href="index.htm">Majectic家居</a>版权所有</p
>
                </div>
```

图 11-82　添加版权信息

步骤 3：将文本插入点定位到第二个 col-md-4footer-left 层中，在其中输入对应的地址信息，如图 11-83 所示。

```
                <div class="col-md-4
footer-left">
                    <p>联系地址：四川省成都市成华
区×××5号Majectic家居</p>
                </div>
                <div class="clearfix"></
div>
            </div>
        </div>
    </div>
    <!--footer-ends-->
```

图 11-83　添加地址信息

步骤 4：切换到样式文件中，以相同方法为各类添加样式规则，如图 11-84 所示。

```
/*--footer-Part-start-Here--*/
.footer{
    padding:4em 0px;
    background:#2a2017;
}
.footer-left p{
    color:#fff;
    font-size:15px;
    font-weight:400;
    line-height: 1.6em;
}
.footer-left p a{
    color:#fff;
}
.footer-left p a:hover{
    color: #97262A;
    transition: 0.5s all;
    -webkit-transition: 0.5s all;
    -o-transition: 0.5s all;
    -moz-transition: 0.5s all;
    -ms-transition: 0.5s all;
}
```

图 11-84　添加其他 CSS 样式规则

步骤 5：切换到模板页面的设计视图中，单击"实时视图"按钮即可预览到相应效果，如图 11-85 所示。

图 11-85　预览网站头部效果

11.2.3　通过模板制作网页

网站模板制作好以后，用户就可以通过模板文件制作网页。利用模板制作出的网页头部与底部都是固定的布局，只能在可编辑区域中添加或修改内容。下面我们就通过制作网站首页与产品展示页讲解相关操作。

1. 制作现代家居装饰网首页

在制作现代家居装饰网首页之前，首先需要了解该页面的大致制作过程。

（1）通过模板文件新建网站的首页。

（2）使用 Div 标签对页面结构布局。

（3）在样式文件中编写页面样式。

（4）通过编写 iQuery 脚本文件实现首页中的显示效果。

下面我们介绍网站首页的具体操作过程。

步骤 1：在 Dreamweaver CS6 软件工作界面中关闭 maste.dwt 和 style.css 页面，在"文件"面板中选择现代家居装饰网站点选项，如图 11-86 所示。

步骤 2：单击"文件"菜单项，穆在弹出的下拉菜单中选择"新建"命令，如图 11-87 所示。

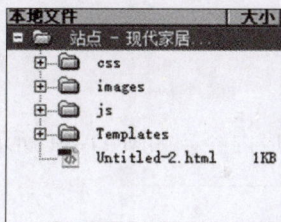

图 11-86　选择站点　　　　　　　　图 11-87　选择"新建"命令

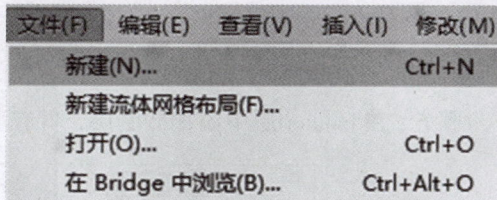

步骤 3：在打开的"新建文档"对话框中单击"模板中的页"选项卡，选择"现代家居装饰网"选项，双击"master"选项，如图 11-88 所示。

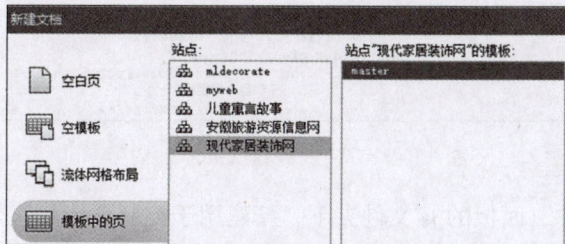

图 11-88　通过模板创建网页

步骤 4：按 Ctrl+S 组合键打开"另存为"对话框，选择文件的保存路径，输入文件的保存名称，单击"保存"按钮，如图 11-89 所示。

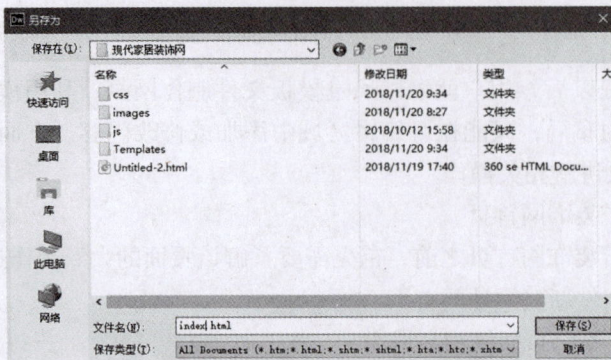

图 11-89   保存网站首页

步骤 5：选择 main 名称，插入 banner 层，保持名称的选择状态，按 Delete 键删除，如图 11-90 所示。

```
            <!-- script-for-menu -->
            </div>
        </div>
<!-- InstanceBeginEditable name="main" -->

<!--banner-starts-->
    <div class="banner" id="home">main</div>
```

图 11-90   插入 banner 层

步骤 6：在 banner 层中添加嵌套层，并在其中添加对应内容，如图 11-91 所示。

```
<div class="container">
    <section class="slider">
        <div class="flexslider">
            <ul class="slides">
                <li>
                <div class="banner-top">
                <div class="col-md-6 banner-left">
                <div class="bnr-one">
                    <img src="images/b-1.jpg" alt="" />
                    <h3>呼吸棉麻布艺沙发</h3>
                    <a href="#">Read More</a>
                </div>
            </div>
            <div class="col-md-6 banner-left">
                <div class="bnr-one">
                    <img src="images/b-2.jpg" alt="" />
                    <h3>多功能真皮榻榻米</h3>
                    <a href="#">Read More</a>
```

图 11-91   输入嵌套层并添加内容

步骤 7：在"文件"面板的 js 文件夹下，新建用于控制页面元素效果展示的脚本文件，如图 11-92 所示。

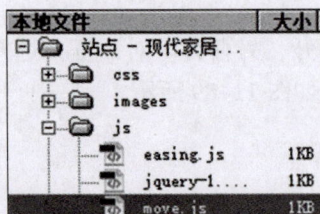

图 11-92   创建 js 脚本文件

步骤 8：分别拖动脚本文件到 index 网页文件中，实现在网页文件中引用脚本文件的操作，在其后输入内嵌脚本文件代码，如图 11-93 所示。

```
<script src="js/jquery-1.11.0.min.js"></script>

<!---- start-smoth-scrolling---->
<script type="text/javascript" src="js/move-top.js"></script>
<script type="text/javascript" src="js/easing.js"></script>
<script type="text/javascript">
        jQuery(document).ready(function($) {
            $(".scroll").click(function(event){
                event.preventDefault();
                $('html,body').animate({scrollTop:$(this.hash).offset().top},1000);
            });
        });
    </script>
```

图 11-93　链接并嵌入脚本语言

步骤 9：在 css 文件夹中新建用于设置 banner 层的样式文件，在 js 文件夹下新建用于控制图片自动切换的脚本文件，如图 11-94 所示。

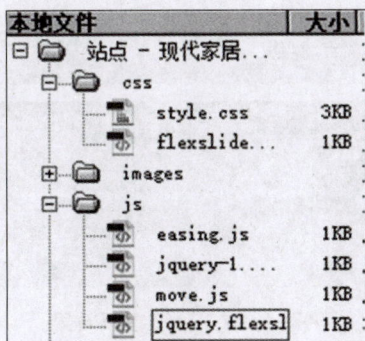

本地文件	大小
🗁 站点 - 现代家居…	
🗁 css	
style.css	3KB
flexslide…	1KB
🗁 images	
🗁 js	
easing.js	1KB
jquery-1.…	1KB
move.js	1KB
jquery.flexsl	1KB

图 11-94　创建样式文件和脚本文件

步骤 10：切换到 style 样式文件中，以相同方法添加各类样式规则，如图 11-95 所示。

```
/*--banner-starts--*/
.banner{
    background:url(../images/111.jpg) no-repeat cent
    min-height:700px;
    background-size:cover;
    -webkit-background-size:cover;
    -moz-background-size:cover;
    -o-background-size:cover;
    -ms-background-size:cover;
}
.banner-top {
    width: 75%;
 margin: 32% auto 0;
}
.bnr-one img {
    border-radius: 100px;
    -webkit-border-radius: 100px;
    -moz-border-radius: 100px;
    -o-border-radius: 100px;
    -ms-border-radius: 100px;
    width: 55% !important;
    margin: 0 auto;
}
```

图 11-95　为文件添加各类样式规则

步骤 11：在首页的其他区域内制作内容，并创建与完善 CSS 样式文件 js 文件，完成 index 页面的制作，如图 11-96 所示。

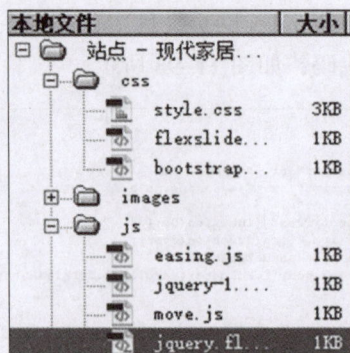

图 11-96　完善 CSS 样式文件和 js 文件

步骤 12：保存文件，按 F12 键启动浏览器，即可对现代家居装饰网首页的效果进行预览，如图 11-97 所示。

图 11-97　预览首页效果

2. 制作现代家居装饰网展示页

产品展示页面的制作与首页制作过程相似，只是在该页面中主要是对家居产品进行展示，所以需要使用到 iQuery 脚本的幻灯片效果，具体制作如下。

步骤 1：打开"新建文档"对话框，单击"模板中的页"选项卡，选择"现代家居装饰网"选项，双击"master"选项，如图 11-98 所示。

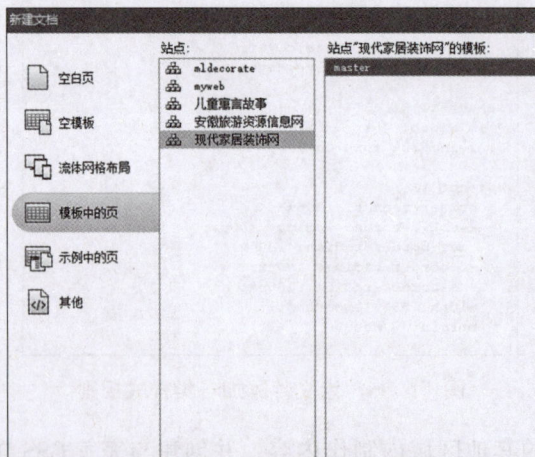

图 11-98　通过模板创建网页

步骤 2：按 Ctrl+S 组合键打开"另存为"对话框，选择文件的保存路径，输入文件的保存名称，单击"保存"按钮，如图 11-99 所示。

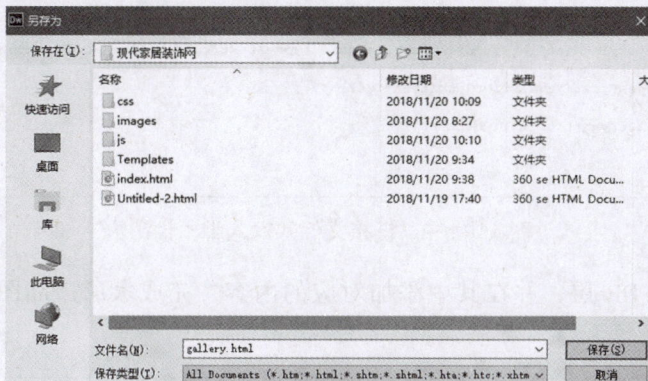

图 11-99　保存网站展示页

步骤 3：将 index 页面中的引用的 css 文件、js 文件等代码内容复制到 gallery 页面中，如图 11-100 所示。

图 11-100　添加引用的代码

步骤 4：在 css 文件夹下新建 chocolat 样式文件，在 js 文件夹下新建用于控制图片进行幻灯片展示的脚本文件，如图 11-101 所示。

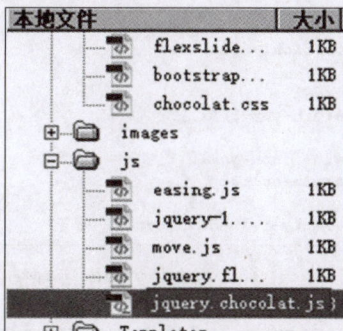

图 11-101　创建样式文件和脚本文件

步骤 5：在可编辑区域中引用创建的样式文件和脚本文件，在其后输入内嵌脚本文件代码，如图 11-102 所示。

```
<!-- InstanceBeginEditable name="main" -->
<!--light-box-files -->
    <!--light-box-files -->
    <script src="js/jquery.chocolat.js"></script>
    <link rel="stylesheet" href="css/chocolat.css" type="text/css" media="screen" charset="utf-8" />
    <!--light-box-files -->
    <script type="text/javascript" charset="utf-8">
    $(function() {
        $('.gallery-bottom a').Chocolat();
    });
    </script>
<!--gallery-starts-->
```

图 11-102　链接文件并输入脚本代码

步骤 6：添加 Div 层，并在其中添加对应的内容，完成家居产品图片的展示，如图 11-103 所示。

```
<!--gallery-starts-->
<div class="gallery">
    <div class="container">
        <div class="gallery-top heading">
            <h1>我们的产品</h1>
        </div>
        <div class="gallery-bottom">
            <div class="gallery-1">
                <div class="col-md-3 gallery-left">
                    <a href="images/port-1.jpg">
                        <img src="images/port-1.jpg" alt="name" class="lazyOwl" />
                    </a>
                </div>
```

图 11-103　制作图片展示效果代码

步骤 7：切换到 style 样式文件中，以相同方法为各类添加样式规则，如图 11-104 所示。

```
/*--gallery-Part-Ends-Here --*/
.gallery{
    padding:6em 0px;
}
.gallery-top{
    text-align:center;
}
.gallery-bottom{
    margin-top:5%;
}
.gallery-left img{
    width:100%;
}
.gallery-left{
    position: relative;
}
.gallery-1{
    margin-top:25px;
}
.gallery-1:nth-child(1){
    margin-top:0;
}
/*--gallery-Part-Ends-Here --*/
```

图 11-104　在样式文件中添加规则

步骤 8：保存文件，按 F12 键即可对现代家居装饰网的展示页面效果进行预览，如图 11-105 所示。

图 11-105　预览展示页效果

3.修改模板页中的导航菜单

在制作模板时，导航菜单中的所有菜单均设置为空链接。当网站的其他页面制作完成后，还需要修改模板页中的菜单的链接位置，让所有的菜单链接生效，操作方法如下：

步骤 1：在站点中双击打开 Templates 文件夹下的 master.dwt 模板文件。

步骤 2：在拆分页面中选择"主页"导航菜单，在属性面板中将链接修改为 index.html。

步骤 3：用相同的方法修改其他页面的链接，按 Ctrl+S 组合键，在打开的对话框中单击"更新"按钮更新。

步骤 4：在"更新页面"对话框中单击"关闭"按钮，完成整个案例的制作。

家居装饰网效果如图 11-106 所示。

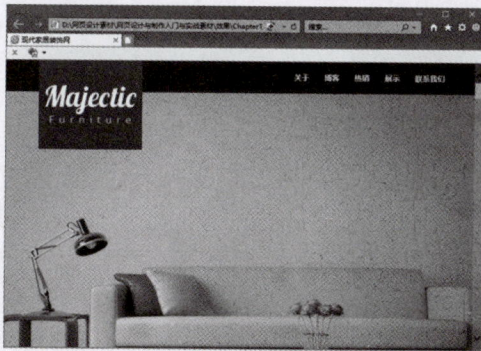

图 11-106　家居装饰网效果

11.3　思考与练习

1.练习制作本章中的"儿童寓言故事"网站，并尝试制作一个个人网站。

2.参照"安徽旅游资源信息网"制作一个家乡的旅游资源信息网。

3.参照家居装饰网制作一个床上用品网站。

参考文献

［1］智云科技.网页设计与制作入门与实战[M].北京：清华大学出版社，2016.

［2］方其桂.网页设计与制作实例教程[M].北京：清华大学出版社，2016.

［3］九州书源.Dreamweaver CS6网页制作[M].3版.北京：清华大学出版社，2016.

［4］文杰书院.Dreamweaver CS6中文版网页设计与制作[M].北京：清华大学出版社，2015.

［5］刘瑞新,张兵义.网页设计与制作教程[M].北京：机械工业出版社，2017.

［6］王欣.网页设计与制作[M].北京：机械工业出版社，2017.

［7］亿瑞设计.Photoshop CC中文版从入门到精通[M].北京：清华大学出版社，2018.

［8］张建琴、官彬彬.Flash CS6动画制作案例教程[M].北京：清华大学出版社，2018.